カスハラ
対策実務
マニュアル

弁護士 香川 希理 編著

弁護士 島岡 真弓・松田 優・上田 陽太 著

日本加除出版株式会社

は し が き

　数年前から「カスタマーハラスメント（カスハラ）」という言葉が急激にクローズアップされている。カスハラは企業の生産性低下，さらには従業員の休職や退職の原因ともなり得る。そのため，人口減少に伴う人手不足問題が進む我が国にとって，カスハラは深刻な社会問題となっている。

　カスハラが社会問題化していることを受けて，国も本格的に対策に乗り出した。まず，2020年1月に告示された，「事業主が職場における優越的な関係を背景とした言動に起因する問題に関して雇用管理上講ずべき措置等についての指針」（令和2年厚生労働省告示第5号）において，企業におけるカスハラ対策の必要性が言及された。

　そしてついに，厚生労働省は，2022年2月25日，「カスタマーハラスメント対策企業マニュアル」（以下「厚労省カスハラマニュアル」という。）を公表した。

　ところが，公表された厚労省カスハラマニュアルは，あくまで一般的・総則的な内容にとどまった。これは厚生労働省が手を抜いたわけではなく，一般的・総則的な内容とせざるを得なかったのである。なぜならば，取引内容や企業の方針，事業規模等によって，講ずべきカスハラ対策やカスハラマニュアルの内容は異なり，全ての業界，全ての企業を網羅するマニュアルを策定することは不可能なためである。また，個別具体的なカスハラ対応は，まさに「裁判外交渉」そのものであり，そもそも厚生労働省が具体的な指示をする性質のものではない。したがって，厚労省カスハラマニュアルには，個別具体的なカスハラ対応に関する記載はほとんどない。

　以上の理由から，厚労省カスハラマニュアルは，企業にカスハラ対策の必要性を指摘しカスハラ対策の一般論を示すものとしては非常に有益であるが，「これ一冊押さえておけばよい」という内容にはなっていない。そのため，各企業としては，厚労省カスハラマニュアルの内容を押さえておくことは当然として，更に踏み込んで，独自のカスハラ対策を構築していく必要がある。実際に，弊所へのカスハラに関する相談も，厚労省カスハラマニュアルの公

表後の方がむしろ増えており，「厚労省カスハラマニュアルを読んだが具体的に何をすればよいのかわからない」，「自社独自のカスハラマニュアルを作成するのを手伝ってほしい」などの声が数多く寄せられている。

そこで，本書は厚労省カスハラマニュアルに対応するとともに，同マニュアルの記載では足りない部分を補うことを目的としている。

本書の特徴は，大きく以下の3点である。

第一に，厚労省カスハラマニュアルに対応している点である。これまでもカスハラ関連書籍はいくつか出版されているが，本はしがきを執筆する時点において，厚労省カスハラマニュアルに対応しているカスハラ関連書籍はほとんど存在しない。そこで，「第3編　厚労省カスハラマニュアルを踏まえ企業がやるべきこと」を設け，厚労省カスハラマニュアルをいかに読み解き，いかに企業が活用していくべきかについて解説した。またその他の編においても，厚労省カスハラマニュアルの定義や図を適宜引用することを心掛けた。

第二に，厚労省カスハラマニュアルの不足部分を補足している点である。厚労省カスハラマニュアルは一般的・総則的な説明はしているが，企業が最も頭を抱えている「目の前の不当クレーマーにどう対処すべきか」という実務的な対応に関する記載はほとんどない。そこで，「第2編　カスタマーハラスメントの実務対応」を設け，具体的なケースに応じた対応方法を解説した。さらに，厚労省カスハラマニュアルやその他のカスハラ関連書籍においても整理できていなかった「クレーム」，「正当クレーム」，「不当クレーム」，「カスタマーハラスメント」の概念整理など，これまで曖昧にされていた部分についても，勇気をもって踏み込んだ記載をすることを心掛けた。

第三に，業界ごとの特徴とケーススタディを記載している点である。厚労省カスハラマニュアルにおいても，業界ごとに取り組むべきカスハラ対策が異なる点が指摘されている。そこで，「第4編　業界別カスハラ対応ケーススタディ」を設け，特にカスハラ被害に悩んでいる業界について，業界の特徴とケーススタディを記載した。全ての業界を網羅することはできなかったが，類似の業界においても参考になるような視点やヒントをできる限り記載するよう心掛けた。

本書の読者対象は，企業の経営者や法務担当者，現場担当者のみならず，弁護士，社会保険労務士など，カスハラに悩み，カスハラ対策に取り組もうとするあらゆる方々である。

　本はしがきを執筆する現在，自民，公明，国民民主の3党がカスハラへの対策を検討する実務者協議を始めることで合意した旨の報道もなされている。

　「カスハラ」という言葉が生まれ，社会の意識が変わり，ついには国まで対策に取り組むようになった。「お客様は神様」から「お客様はお客様」へと，社会全体の「潮目」が変わりつつある。本書がカスハラ対策に取り組む読者を通じて，社会全体の「潮目」が変わる一助になれば，幸いである。

　最後に，本書執筆の機会を与えてくださり，的確なアドバイスをしてくださった日本加除出版の佐伯寧紀氏及び井出美緒氏に，心より御礼申し上げる。

2022年7月
　著者を代表して

香川　希理

凡　例

　本書中，法令名などの表記については，原則として省略を避けたが，括弧内においては，以下の略号を用いた。

1　法　令

民	民法
刑	刑法
民訴	民事訴訟法
民訴規則	民事訴訟規則
労契	労働契約法
消費契約	消費者契約法
区分所有	建物の区分所有等に関する法律
個人情報	個人情報の保護に関する法律
プロ制限	特定電気通信役務提供者の損害賠償責任の制限及び発信者情報の開示に関する法律（プロバイダ責任制限法）
改正後プロ制限	令和3年法律第27号による改正後のプロバイダ責任制限法（改正後プロバイダ責任制限法）
改正前プロ制限	令和3年法律第27号による改正前のプロバイダ責任制限法（改正前プロバイダ責任制限法）
改正後プロ制限規則	令和4年総務省令第39号による特定電気通信役務提供者の損害賠償責任の制限及び発信者情報の開示に関する法律施行規則（改正後プロバイダ責任制限規則）
宅建業	宅地建物取引業法（宅建業法）
品確	住宅の品質確保の促進等に関する法律（品確法）

2　裁判例

　・最三小判平22・4・13民集64巻3号758頁
　　　←　最高裁判所第三小法廷平成22年4月13日判決最高裁判所民事判例集第64巻第3号758頁

3　出　典

民集	最高裁判所民事判例集
刑集	最高裁判所刑事判例集
下民	下級裁判所民事裁判例集

判タ	判例タイムズ
判時	判例時報
金判	金融・商事判例
金法	金融法務事情
労判	労働判例
労経速	労働経済判例速報
東高刑時報	東京高等裁判所判決時報（刑事）

4 資料等

厚労省カスハラマニュアル	厚生労働省「カスタマーハラスメント対策企業マニュアル」（2022年3月）
厚労省パワハラ指針	令和2年1月15日厚生労働省告示第5号「事業主が職場における優越的な関係を背景とした言動に起因する問題に関して雇用管理上講ずべき措置等についての指針」
厚労省カスハラ指針	厚労省パワハラ指針中の「7 事業主が他の事業主の雇用する労働者等からのパワーハラスメントや顧客等からの著しい迷惑行為に関し行うことが望ましい取組の内容」
UAゼンセン2017年アンケート	UAゼンセン（全国繊維化学食品流通サービス一般労働組合同盟）「悪質クレーム対策（迷惑行為）アンケート調査分析結果」（2017年10月）
UAゼンセン2020年アンケート	UAゼンセン（全国繊維化学食品流通サービス一般労働組合同盟）「悪質クレーム対策（迷惑行為）アンケート調査結果」（2020年10月）
経産省モデル契約書	経済産業省・独立行政法人情報処理推進機構「情報システム・モデル取引・契約書〈第二版〉」（2020年12月20日公開）

5 文 献

『悪質クレーマー』	藤川元編集代表，市民と企業のリスク問題研究会編『悪質クレーマー・反社会的勢力対応実務マニュアル：リスク管理の具体策と関連書式』（民事法研究会，2018年）
『広辞苑』	新村出編『広辞苑 第七版』（岩波書店，2018年）

目　次

第1編

カスタマーハラスメント対策の基本

第1章　カスタマーハラスメントとは

第 **2** 章　クレーム対応のプロセス

第 **3** 章　組織的対応の重要性

第 **4** 章　カスハラによるリスクの把握

第 **2** 編

カスタマーハラスメントの実務対応

第 **1** 章　状況別の対応方法

第 **2** 章　よくある要求への対応

第 **3** 章　録音・録画の問題

第 **4** 章　インターネットの問題

第3編

厚労省カスハラマニュアルを踏まえ企業がやるべきこと

第1章　厚労省カスハラ指針について

第 **4** 章　契約書・約款等の見直し

第 **5** 章　厚労省カスハラマニュアルの留意点

第 **4** 編

業界別カスハラ対応ケーススタディ

第 **1** 章　小売業界

第 **2** 章　食品業界

第 **3** 章　介護業界

第 4 章　不動産売買業界

第 5 章　マンション管理業界

第 6 章　建設業界

第 7 章　金融業界

2　金融業界のケーススタディ ─────────── *218*

第 **8** 章　システム等開発業界

1　システム等開発業界のカスハラの特徴 ─────── *222*

2　システム等開発業界の対策ポイント ───────── *224*

3　システム等開発業界のケーススタディ ──────── *228*

第 **9** 章　冠婚葬祭業界

第 **1** 編
カスタマーハラスメント対策の基本

第 **1** 章　カスタマーハラスメントとは

1　カスハラの社会問題化

(1)　カスハラが社会問題化した背景

　近時，カスタマーハラスメント（以下「カスハラ」と略す。）が急激に社会問題化している。[注1]

　昔から「クレーム」は一定程度存在していたにもかかわらず，なぜ近時カスハラがこれほど急激に社会問題化したのであろうか。その背景について，以下検討する。

ア　端　緒

　まず，最も大きな影響を与えたのは，インターネット，スマホ，SNSの普及であろう。

　昔からクレームは存在していたが，企業は今ほどクレームを恐れていなかった。なぜならば，悪質なクレームに対しては，企業側もある程度強引な対応ができたからである。

　例えば，大声で怒鳴る顧客等に対しては，企業側も大声で怒鳴って対応することもできた。しかし，現在，そのような対応をすると，スマホで録画されSNSで拡散されるおそれがある。場合によっては，企業側が

（注1）　UAゼンセンが，2017年10月に公表した「悪質クレーム対策（迷惑行為）アンケート調査分析結果」によると，全体の48.4％が迷惑行為は近年増えていると感じている。
　　　　さらに，同団体がその後の2020年10月に公表した「悪質クレーム対策（迷惑行為）アンケート調査結果」によると，全体の46.5％が直近2年間で迷惑行為は増えていると感じている。

大声で怒鳴っている部分だけが切り取られ，「酷い企業だ」と批判を浴びる可能性もある。[注2]

　また他にも，例えば，商品に異物が混入していたので返金してほしい旨の申し出があったケースでは，昔は，企業側の落ち度で混入したのか否かが判然としないのであれば，端的に断ればそれで済んだであろう。しかし，今は，異物が混入した商品の写真がインターネット上にアップされ，炎上してしまうリスクも考慮しなければいけない。

　端的にいってしまえば，顧客側が，インターネット，スマホ，SNSという強力な武器を手にしたといえる。

　したがって，それに対応する企業も，今までのように「属人的な」，「強引な」対応で済ませることはできなくなってしまったのである。

　その結果，企業は不当クレーマーに対しても，「納得」を得るために延々と対応を続けるケースが見受けられる。しかしながら，不当クレーマーに対して「納得」を得ようとすることは，カスハラ対応における最もよくある勘違いである。後述のとおり，不当クレーマーに対しては「対応を打ち切ること」又は「こう着状態を作ること」も選択肢に入れるべきである。

イ　不況の影響

　次に，長引く不況もカスハラの社会問題化に影響したと考えられる。

　長引く不況によって，「お客様至上主義」ともいえる風潮が浸透した。

　長引く不況の中で生き残るため，企業は，同業他社との値引き合戦やサービス合戦を続けざるを得なかった。その結果，お客様至上主義ともいえる，顧客を必要以上に尊重する風潮が広く浸透してしまったのである。

　本来，健全な社会においては，契約当事者である売主と買主は対等のはずである。

（注2）　直接的なカスハラ事案ではないが，2022年7月4日，緊急停止ボタンを押した利用客に対し，大声で怒鳴るJR東日本従業員の対応を録画した映像がSNSで拡散され，大いに議論を呼んだ（2022年7月7日付産経ニュース「線路に財布落とし非常ボタン……山手線止めた乗客と駅員が口論　ネット上で波紋」など多数）。

　ところが，現実には，各企業は契約以上の債務を履行することを要求され，契約の履行に何らかの落ち度があった場合には，徹底的に攻撃される。正に，「お客様は神様」の状態になってしまったのである。

ウ　ハラスメントに対する意識の変化

　さらに，カスハラの受け手の側面から見ると，ハラスメントに対する意識の変化も影響したと考えられる。

　昔からクレームは存在していた。昔の方が犯罪の認知件数や暴力団構成員数が多かったことからすると，(注3)粗暴的な側面においては，かつてのクレームの方が悪質だったかもしれない。

　しかし，現在の社会においては，粗暴的な行為を含む「理不尽な行為」は許容されていない。カスハラの受け手の感覚も変わってきたのである。

　パワハラやセクハラがカスハラに先立って社会問題化し，ひいては立法的手当てがなされたように，上司であっても顧客であっても，「理不尽な行為を許すべきではない」という世の中になってきたのである。

　この点について，企業の役員や管理職は，意識を変えていく必要がある。自分の若いころに許容されていたからといって，現在の社会において許容されるとは限らないし，自分が若いころ我慢したからといって，部下に同じ我慢をさせることはできないのである。

(2)　カスハラが注目されている理由

　以上の背景からカスハラが社会問題化したとして，なぜ各企業が重い腰をあげて，カスハラ対策に本格的に着手し始めたのであろうか。企業としては生き残るためには売上げを伸ばすことが重要であり，カスハラ対策は二の次の問題とも思える。

(注3)　「令和3年版犯罪白書」（法務省　法務総合研究所）によると，刑法犯の認知件数は，平成14年には285万4,061件にまで達したが，平成15年に減少に転じて以降，18年連続で減少しており，令和2年は61万4,231件と戦後最少を更新した。
　　　また，警察庁組織犯罪対策部「令和3年における組織犯罪の情勢」（2021年4月）によると，暴力団構成員及び準構成員等の数は，平成16年に87,000人であったが，以降減少し，令和3年末現在で過去最少の24,100人となっている。

　これには，近年，各企業を悩ませている「人手不足問題」が大きく関わっている。

　すなわち人手不足問題対策のためには，「離職率を低下させること」と「一人当たりの生産性を上げること」が最重要課題であるが，各企業がカスハラ対策（不当クレーム対策）を講じることこそが，正に上記課題の解決に直結するのである。

(3)　カスハラを行う顧客の特徴

　カスハラ（不当クレーム）を行う顧客はどのような特徴を有しているのであろうか。

　UAゼンセン2020年アンケートによると，迷惑行為をした客の性別は「男性」が「74.8％」であり，顧客の推定年齢は「50代以上」が「70.3％」であった。

　ではなぜ「50代以上の男性」が特にカスハラを行いやすいのであろうか。

　「50代以上の男性」の顧客等がよくいう言葉として，「お前（従業員）の教育のために言ってるんだ！」，「会社のことを想って言ってるんですよ！」などという言葉がある。

　もしかすると，当該顧客自身は本当に会社や従業員のためになると思って，カスハラを行っているのかもしれない。

　しかし，カスハラは受け手が「嫌がらせ」であると感じるか否かの問題である。

　50代以上の男性によるカスハラが多いのは，パワハラやセクハラとも関係がある可能性がある。すなわち，50代以上の男性は，管理職にあることが多いが，今まではパワハラやセクハラをそれほど気にすることなく部下を指導することができた。しかし，社内においてパワハラやセクハラが禁止されたことにより，今までのような指導はできなくなった。上司が部下に気を遣う時代になったのである。その結果，行くあてのなくなったストレスが，社外においてカスハラという形で現れている可能性がある。

　この点，令和２年度厚生労働省委託事業「職場のハラスメントに関する

実態調査報告書」(令和3年3月) によると, 過去3年間のハラスメント該当件数の推移については, パワハラやセクハラは「件数は減少している」傾向にあったにもかかわらず, 顧客等からの著しい迷惑行為については「件数が増加している」傾向にあった。

さらに, UAゼンセン2020年アンケートによると, 迷惑行為のきっかけとなった具体的な理由について, 最も多い回答が「顧客の不満のはけ口・嫌がらせ」であり, 全体の「33.1%」となっている。

これらの調査結果は, 社内でのハラスメント (パワハラ, セクハラ) が禁止された結果, 行くあてのなくなったストレスが社外でのハラスメント (カスハラ) に現れた可能性を示唆するものである。

いずれにせよ, 本来であれば, 社内でのハラスメント (パワハラ, セクハラ) を法律で禁止したのであるから, 社外でのハラスメント (カスハラ) も同時に禁止すべきである。実際にハラスメント行為を禁じる国際労働機関 (ILO) に2019年6月21日に採択された「仕事の世界における暴力及びハラスメントの撤廃に関する条約」においては, パワハラやセクハラのみならず, カスハラも禁止されている。

この点, 2022年5月19日, 国民民主党がカスタマーハラスメント対策法案を参議院に提出し, その後の同年6月8日, 自民, 公明, 国民民主の3党がカスハラへの対策を検討する実務者協議を始めることで合意した旨の報道もなされている。カスハラに関する今後の立法化に期待したい。

2 カスハラとクレームの異同

(1) カスハラとクレームの意義

近時用いられるようになった「カスタマーハラスメント」(カスハラ) と「クレーム」は何が同じで何が違うのだろうか。この点について, 明確に記載している文献等はほとんど存在しないが, その異同を検討する。

まず, カスタマーハラスメント (カスハラ) は, 直訳すると「顧客による嫌がらせ」である。日常的にも, ほぼそのような意味で用いられていると思われる。

　一方で，クレームを直訳すると，「要求」，「主張」，「苦情」などを意味する。日常的には，どちらかというと「苦情」という，負のイメージで用いられることが多い。

　しかし，後述するように，クレームの中には「正当クレーム」と「不当クレーム」があり，全てのクレームが企業にとって不当なものではない。

　一方で，カスハラの中で「正当カスハラ」というものは存在しない。およそ全てのカスハラが企業にとって不当なものである。

　なお，第3編にて詳解する厚労省カスハラマニュアルでは，カスハラの定義を「顧客等からのクレーム・言動のうち，当該クレーム・言動の要求の内容の妥当性に照らして，当該要求を実現するための手段・様態が社会通念上不相当なものであって，当該手段・様態により，労働者の就業環境が害されるもの」（厚労省カスハラマニュアル7頁）としている。

(2)　カスハラと不当クレームの関係

　それでは，「カスハラ＝不当クレーム」なのであろうか。しかし，厳密には，カスハラと不当クレームは別の概念であると思われる。

　不当クレームは，あくまでクレームであるため，その根底には「要求」が存在する。ただし，その要求内容やその要求の手段・態様が不当なのである。

　一方で，カスハラは，その本質は「嫌がらせ」である。そこには当然①「要求」が含まれているものも多いが，「要求」が含まれていなくとも，②「顧客による嫌がらせ」であれば「カスハラ」といえよう。

　具体例を挙げて説明する。

　あるタクシーの運転手が道を間違えたとする。

　このとき，顧客が大声で怒鳴り，「道を間違えたんだから料金を払う必要はない」と主張した場合，顧客の主張には「料金を払いたくない」という要求があり，これは「不当クレーム」であり，「カスハラ」である（前記①に関連）。

　では，このとき，顧客が料金はきちんと支払った上で，後日，SNS上に

「料金を間違えられた。この会社最悪」という文章と共に，運転手の写真を掲載した場合はどうであろうか。

これは，もはや「要求」ではなく，「嫌がらせ」が主目的である。よって，「不当クレーム」というよりも「顧客による嫌がらせ」(狭義のカスハラ)というべきであろう（前記②に関連）。

このように，「カスハラ」(広義)は従来から存在していた「不当クレーム」を含むものであるが，それに限らず「顧客による嫌がらせ」(狭義のカスハラ)を含む概念であると考えられる。

(3) カスハラとクレームの図示

以上のカスハラとクレームの関係を整理すると次のようなものになる。

---

① まず，クレーム（要求）には正当クレームと不当クレームが存在する。

② 正当クレームはカスハラ（広義）に含まれない。

③ 不当クレームはカスハラ（広義）に含まれる。

④ カスハラの中には不当クレームに含まれないもの（要求を伴わない嫌がらせ）も存在する。

〈図表1　カスハラとクレームの関係〉

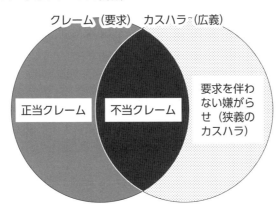

クレーム（要求）　カスハラ（広義）

正当クレーム　不当クレーム　要求を伴わない嫌がらせ（狭義のカスハラ）

❸　正当クレームと不当クレームの区別

(1)　区別の方法

「クレームは宝の山」という言葉もあることからもわかるように，全てのクレーム（要求，主張，苦情）が不当なものではない。クレーム対策が行き過ぎてしまい，顧客の正当な要求（権利行使）が踏みにじられることがないように注意する必要がある。

すなわち，企業としては，顧客等のクレーム（要求）のうち，正当クレームについては適切に対応し，不当クレームは拒絶する必要がある。なお，「要求を伴わない嫌がらせ」（狭義のカスハラ）については拒絶すべきことは明らかである。

そこで正当クレームと不当クレームの区別が重要であり，この区別さえできれば，カスハラ（広義）と正当クレームの区別も可能である。

〈図表2　正当クレームと不当クレームの区別〉

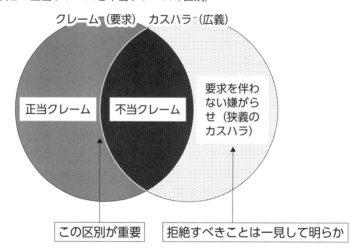

それでは，正当クレームと不当クレームは，それぞれどのようなものであろうか。

まず，正当クレームとは，要求「内容」も要求「手段・態様」も正当なものである。

一方，不当クレームとは，要求「内容」又は要求「手段・態様」のいずれか一方あるいは双方が不当なものである。

すなわち，不当クレームに当てはまらないものが正当クレームであることから，正当クレームと不当クレームを区別するには，不当クレームの判断基準を理解する必要がある。

不当クレームのうち，要求「内容」が不当な例と要求「手段・態様」が不当な例を，以下ではそれぞれ説明する。

(2) 要求「内容」が不当な例

要求「内容」が正当かどうかは，クレームの原因となっている事実が存在するかどうか，事実が存在する場合，企業側に過失があるかどうか，顧客の要求の内容が発生した損害に見合うものか，などを総合的に判断する。

例えば，以下のようなものが，要求「内容」が不当なものの典型例である。

ア 高額な慰謝料や迷惑料の要求

例えば，従業員が客のバッグ（時価10万円）を汚してしまった場合，「このバッグはずっと大切にしていたもので精神的損害を被った。バッグの代金10万円に加えて慰謝料1,000万円も支払ってほしい」と慰謝料を請求してくる可能性がある。しかし，過失で他人の物に損害を与えた場合，原則として実損の賠償にとどまり，精神的苦痛（慰謝料）を法的に支払う必要はない。よって，今回の場合，バッグの時価が客の実損であるため，それ以上に過大な金額を主張してくる場合，その要求「内容」は不当といえる。

イ 正当理由のない返金要求，返品要求

商品自体には問題がないにもかかわらず，落として壊れてしまった，説明書を見ずに操作して壊れてしまった等，故障の原因が顧客の過失にある場合にまで返金・返品を請求する場合は，要求「内容」が不当であるといえる。

ウ　社長や支店長の謝罪の要求

　　従業員（顧客対応者）に対して「お前じゃだめだ，上司や社長を出せ」と言ってくる顧客がいる。クレームの内容にもよるが，少なくとも，謝罪や商品の修理，交換で済む場合であれば，責任者が出なくても，従業員（顧客対応者）が対応できるのであるから，そのような場合にまで上司や社長のような責任者を出させ，謝罪させるというのは，要求「内容」が不当であるといわざるを得ない。

　　また，顧客に対して誰が対応するかを決定する権限は，企業側にある。したがって，企業が従業員（顧客対応者）の変更を断ったにもかかわらず，何度も執拗に社長や支店長の謝罪を求めてきた場合にも，要求「内容」が不当であるといえる。

エ　土下座の要求

　　例えば従業員の接客態度が悪かったことが原因で，クレームに発展し謝罪が必要な場合であっても，口頭で真摯に謝罪すれば足りる。土下座による謝罪というのは，自発的に行う場合はともかく，相手方から要求されて行うものではない。謝罪の方法として土下座までを要求された場合には，もはや要求内容が不当であるといえる。

　　なお，厚労省カスハラマニュアル8頁においては，土下座の要求について，要求「手段・態様」が不当な例として整理している。しかし，土下座の要求について，その要求内容が正当化される場面は存在しない。したがって，本書においては土下座の要求について，要求「内容」が不当な例として整理する。

(3)　要求「手段・態様」が不当な例

　　要求「手段・態様」が正当かどうかは，その手段・態様のみならず，場所や時間，経緯なども考慮して総合的に判断する。

　　例えば，以下のようなものが，要求「手段・態様」が不当なものの典型例である。

ア　怒鳴る，乱暴な口調

　「お前頭が悪いのか」，「そんなことも知らないのか」等の言辞とともに怒鳴ったり，暴言が飛び出してきた場合，相手方には解決に向けて歩み寄る姿勢はなく，ただただ感情をぶつけることが最大の目的となっていることが多い。このような言動は，要求「手段・態様」が不当であるといえる。

イ　脅迫的言動，暴力的言動

　「言うことを聞かないと殺すぞ」，「このままだと社会で生活できなくなるぞ」，「お前の住所も子供の名前も簡単に調べられる」等の脅迫的・暴力的言動は，脅迫罪に該当する可能性がある。さらに，「こいつをクビにしろ」等何らかの行為を強要する言動は「強要罪」に該当する可能性もある。脅迫的言動，暴力的言動は要求「手段・態様」として不当であるし，場合によっては犯罪が成立する可能性すらある。

ウ　長時間の電話，連日の電話

　長時間の電話や連日の電話がかかってくる場合，従業員はその顧客に対応しなければならず，業務に支障が生じる。特に，同じ話を何度も繰り返す場合や，会社としての回答を伝えたにもかかわらず納得せず何度も電話してくる場合には，要求「手段・態様」が不当である。

エ　店舗や会社への長時間の居座り

　自分の言い分を通すために，店舗や会社で長時間居座り続けられた場合，企業側は，その居座る顧客の対応に追われることになり，業務が妨害されることになる。特に，「お時間が来たのでお帰りください」などと会社から明確に退去を要求されたにもかかわらず，居座りを続けた場合には，要求「手段・態様」が不当なものに当たる。

オ　「役所やマスコミに通報する」との主張

　各企業の所轄官庁や都道府県に通報する旨の主張はクレーム顧客の常套手段である。また，週刊誌やマスコミに通報するなどと脅してくることもある。このような主張は，通報することが目的ではなく，通報すると脅して要求を通すことが目的である。要求「手段・態様」が不当な一

例である。

カ　「写真や動画をインターネットに載せる」との主張

　　「写真や動画をインターネットに載せる」等の主張は，近時，特に増加しているカスタマーハラスメントである。従業員（顧客対応者）の対応の悪さや商品の不備などを，スマホで写真や動画で撮影し，「写真や動画をインターネット（SNS）に載せる」と脅して，自らの要求を通そうとするものである。これも要求「手段・態様」が不当な一例である。

4　不当クレームか否かの判断基準

(1)　前　提

　　まず前提として，不当クレームか否かの判断は非常に難しい。実際に，未だに不当クレームの判断基準について明確に論じている文献等はほとんど存在しない。

　　しかしながら，前述の不当クレームの定義から，一定程度の判断基準を導くことができる。

　　まず，前述のとおり，不当クレームとは，要求「内容」又は要求「手段・態様」のいずれか一方あるいは双方が不当なものである。

　　例えば，こちら側に落ち度がないにもかかわらず，時価10万円のバッグの損害賠償として慰謝料1,000万円を要求してきた場合には，要求「内容」が明らかに不当であるため，それだけで不当クレームと判断できる。

　　また，こちら側に落ち度があり，かつ，時価10万円のバッグの損害賠償として10万円を要求してきた場合であっても，要求の際に顔面を殴るなどの暴行を伴った場合には，要求「手段・態様」が明らかに不当であるため，それだけで不当クレームと判断できる。

　　問題は，要求「内容」又は要求「手段・態様」のどちらかだけで明らかに不当である，とはいえないようなケースである。

　　例えば，こちら側に一定の落ち度があり，時価10万円のバッグの損害賠償として12万～13万円を要求してきた上，その要求も長時間にわたり，ところどころに乱暴な口調を伴うといった場合である。

　要求「内容」にも，要求「手段・態様」にも多少不当なところがある，といったケースである。

　ただし，上記のケースに現れた事情だけで，一概に不当クレームと決めつけるわけにはいかない。こちらの落ち度の内容，12万～13万円を要求している根拠，長時間といっても何時間なのか，乱暴な口調とはどのようなものか，などを総合的に考慮して判断することになる。

　ではその際に，何を基準に不当クレームか否かを判断すればよいのであろうか。

　やはり切り口は，要求「内容」と要求「手段・態様」である。要求「内容」と要求「手段・態様」に着目して，そのどちらか一方だけで明確に不当クレームと判断できない場合には，要求「内容」の不当性と要求「手段・態様」の不当性を総合的に判断すべきである。

　そして，要求「内容」の不当性と要求「手段・態様」の不当性を総合的に判断した結果，その要求が「社会通念上不相当」といえる場合には，不当クレームに当たる，といえる。

　まず，要求「内容」がそこまで不当でなくとも，その要求「手段・態様」が余りにも不当であれば，その要求はもはや「社会通念上不相当」といえるため，不当クレームに当たる。

　一方，要求「内容」が余りにも不当であれば，要求「手段・態様」がそこまで不当でなくとも，その要求はもはや「社会通念上不相当」といえるため，不当クレームに当たる。

(2)　具体的なケースによる検討

ア　要求「内容」によって正当クレームと不当クレームに分かれるケース

　まず，要求「手段・態様」として，ところどころ大声を出す，長時間にわたる電話があったとする。その要求「内容」が「クリーニングで汚れが取れていなかったので返金しろ」（実際にはほとんど汚れは取れていた）であった場合には，その要求は「社会通念上不相当」といえ，不当クレームに当たると判断されるケースが多くなるであろう。

　一方で，同じように要求「手段・態様」として，ところどころ大声を出す，長時間にわたる電話があったとする。しかし，その要求「内容」が「通園バスの事故で子供が亡くなったので謝罪しろ」（事故の原因は運転手の居眠り）であった場合には，同じ要求「手段・態様」であったとしても「社会通念上不相当」であるとはいえないであろう。企業側の落ち度で子供を亡くした親が，ところどころ大声を出すことも電話が長時間になることも，やむを得ないのではないか。

　このように，仮に要求「手段・態様」が同じでも，要求「内容」によって，不当クレームと正当クレームに分かれるケースもあり得るのである。

イ　要求「手段・態様」によって正当クレームと不当クレームに分かれるケース

　次に，要求「内容」として，時価10万円のバッグの損害賠償として12万〜13万円を要求してきたとする。その要求「手段・態様」が，大声で怒鳴る，長時間居座り続ける，暴行を伴うものであった場合には，その要求は「社会通念上不相当」といえ，不当クレームに当たるであろう。

　一方で，同じように要求「内容」として，時価10万円のバッグの損害賠償として12万〜13万円を要求してきたとする。しかし，その要求「手段・態様」が，静かな口調で「バッグの時価10万円といくらかのお詫びの形として，12万〜13万円支払っていただく，という形はご検討いただけますか」という要求であった場合はどうであろうか。もちろん，企業側があくまで10万円しか払えないと回答したにもかかわらず，執拗に何度も同様の要求をしてきた場合は「社会通念上不相当」といえるであろうが，ひとまずの主張として上記要求をする分には「社会通念上不相当」とまではいえないのではないか。

　このように，仮に要求「内容」が同じでも，要求「手段・態様」によって，不当クレームと正当クレームに分かれるケースもあり得るのである。

ウ　分　析

　　以上のとおり，不当クレームか否かの判断基準は，要求「内容」の不当性と要求「手段・態様」の不当性を総合的に判断した結果，その要求が「社会通念上不相当」といえるか否か，が一つの基準となる。

(3)　不当クレームか否かの判断基準の図示

　　ここまで述べてきた不当クレームか否かの判断基準を図で整理すると図表3のようなものになる。

---

①　不当クレームか否かは，要求「内容」の不当性と要求「手段・態様」の不当性を総合的に判断する。

②　要求「内容」の不当性が高ければ高いほど，要求「手段・態様」の不当性が低くても不当クレームに当たりやすい。

　　なお，要求「内容」が著しく不当である場合には，要求「手段・態様」が正当であっても不当クレームに当たる。

③　要求「手段・態様」の不当性が高ければ高いほど，要求「内容」の不当性が低くても不当クレームに当たりやすい。

　　なお，要求「手段・態様」が著しく不当である場合には，要求「内容」が正当であっても不当クレームに当たる。

〈図表3　不当クレームか否かの判断基準〉

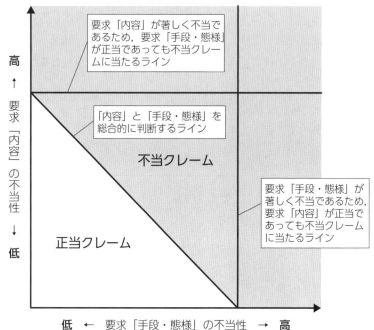

要求「内容」が著しく不当であるため，要求「手段・態様」が正当であっても不当クレームに当たるライン

「内容」と「手段・態様」を総合的に判断するライン

不当クレーム

要求「手段・態様」が著しく不当であるため，要求「内容」が正当であっても不当クレームに当たるライン

正当クレーム

高　↑　要求「内容」の不当性　↓　低

低　←　要求「手段・態様」の不当性　→　高

⑤　カスハラ対策を阻む誤解の壁

　ここまでの判断過程を経た上で，顧客の行為がカスハラ（あるいは不当クレーム）と判断される場合には，企業による対策が実行されなければならない。しかし，カスハラ対策に二の足を踏む企業も決して少なくはないものと考えられる。

　その理由としては，例えば以下のようなものが挙げられるだろう。しかし，いずれも無理解が招く誤解であり，カスハラ対策を講じる以前の問題として払拭すべきものと言わざるを得ない。本書の立場は，これらの誤解が企業内，特に経営陣において存在しないことを大前提として，カスハラへの対処方針を記載するものである。

　したがって，まずは以下の誤解が企業内において常識となっていないか確認を行われたい。そして，もし誤解の存在が認められた場合には，経営陣が

積極的に社内へ発信を行い，カスハラ対策を阻む内壁を打破する必要がある。カスハラをテーマとした研修会やセミナーを開催し，企業として従前の「常識」を変え，対策を行っていくとの姿勢を示すことも有用であろう。

(1)　誤解①「カスハラ対策は業績につながらない」

　特に営利企業においてカスハラ対策の必要性は軽視される傾向にある。有り体にいってしまえば，カスハラ対策を行っても数字上の利益が出るわけではない，クレームが発生してから個別に解決すればよい，という認識がその根底にある。

　しかし，カスハラに対し何ら対策を講じないことは，間違いなく企業の利益を損なうものである。カスハラに対応する従業員はモチベーションを落とし，当該案件のみならず担当業務全体の業務効率が低下する。その皺寄せは同僚に向かい，部署全体の業務効率にまで波及する。また，企業が何ら対処を行わないとすれば，従業員としては自らを守るため辞職することが合理的な選択となる。カスハラに起因する精神疾患等による休職や，自殺に発展するという事態も起きかねない。従業員1名の雇用を維持するため，また，人材を育成するため，企業がどれほどのコストとリスクを負っているのか考慮すれば，カスハラは間違いなく企業に対する攻撃である。

　更にいえば，今後の時流として，カスハラ問題はセクハラやパワハラと同様の重みを持って社会に受け止められることが予想される。その暁には，従業員を守るための措置を何らとっていない企業が，セクハラやパワハラを放置する企業と同列のものとみなされ，社会的非難を受けることになるだろう。人材確保の観点からも，従業員を守るための措置をとらない企業が，昨今の人材流動化傾向の中で優秀な人材を採用し，つなぎ止めることができるものとは考えられない。

(2)　誤解②「クレームをさばくのが個人の力量」

　また，カスハラはしばしば従業員個人の不手際により発生するものとも

誤解される。そのような誤解を持つ上司や同僚は，カスハラへの組織的対応を部下／同僚の尻拭いという感覚で行うことになり，不平不満を抱くようになる。

　しかし，カスハラは決して従業員によって呼び起こされる問題ではない。従業員のミスや不手際，能力不足によって招かれるのは正当なクレームであり，不当クレームを内容とするカスハラとは峻別されなければならない。正当なクレームを招かないよう努力し，処理し，改善することは従業員の責務であるが，カスハラの発生は従業員の能力と無関係である。従業員のささいな（あるいは，そもそも存在しない）ミスを針小棒大に騒ぎ立て，本来的に負うべき責任以上のものを課そうとするのがカスハラであり，そこに従業員の良し悪しは関係がない。

　また，カスハラに対してはさばく（うまく対処する）だけではなく，拒絶するという選択肢を用意することが重要となる。しかし，現場の従業員には多くの場合そのような裁量が与えられず，したがって従業員個人での解決は土台無理であるということも少なくない。

　実際，カスハラ対応に苦慮するのは正当クレームの対応に長けた優秀な従業員であることも多い。顧客の要望にうまく対処し，満足させてきたという成功体験を有するばかりに，カスハラに対しても個人限りで同様の対策をとってしまう。結果として際限のない要求に対して延々と「誠意」を見せ続けざるを得ないという事例は多々見られるところである。

(3)　誤解③「お客様は神様」

　企業風土として，「お客様は神様」という考え方が根付いた企業では，顧客への対策を講じたり反論を行ったりすること自体が失礼であり，企業の評判を落とし利益を損なうものであるとみなす風潮も見られる。このような企業では，カスハラを行う顧客に対してひたすら謝罪を続け，無批判に要求を受け入れるという対応が行われることも多い。

　「お客様は神様」の精神が，我が国の，特にサービス業の質を向上させてきた面があることを否定するものではない。しかし，それを無条件に唱

えることによる，従業員や企業に損害をもたらす危険性を見過ごすべきではない。

そもそも，企業と顧客とは契約の両当事者でしかなく，（一般顧客に対する企業側には情報力・交渉力の格差から，多少の義務が加重される場合はあるものの）契約の当事者は双方対等であるというのが原則である。契約上決められた以上の行為を行う必要は，少なくとも法的にはない。

それでも企業が契約内容以上のサービスを行う理由は，良くいえば顧客に喜んでもらいたいという善意やプロ意識であり，打算的に表現すれば付加価値の提供による顧客の誘因である。そのように考えてみると，カスハラを行う顧客に対して喜んでもらう必要はあるだろうか。あるいは，（余程の利益を企業に与える取引先でもない限り）継続的な顧客となってもらう必要があるだろうか。

「お客様は神様」という言葉は，「客は神様なので尊重しなければならない」という意味ではなく，「神様として扱うに足る客を尊重する」という意味で捉えられるべき言葉である。[注4] 大部分の顧客を「神様」として扱うことは差し支えないとしても，顧客の中には，「契約上最低限の行為のみで足りる客」もいれば，「契約関係を解消すべき客」もいるという認識は持たなければならない。

⑷　誤解④「国は何も言っていない」

「カスハラ対策の必要性は分かるものの，国が何も言っていない以上は動きづらい」という声を聞くこともある。

しかし，国は既に事業者に対し，カスハラへの対策を講ずべきことを令和2年1月15日告示の厚労省パワハラ指針の中で示している。さらに2022年2月25日には，厚労省がカスハラ対策の具体例として，マニュアルを発

(注4)　なお，「お客様は神様」という言葉は三波春夫氏によるフレーズとして広まったものであるが，三波氏はこの言葉を，神前で祈るような澄み切った心構えで客に対し芸を披露する，という意味で使用していたようである。したがって，もともとこの言葉は顧客対応の方針を掲げたものではない。詳細は三波氏のオフィシャルサイトに掲載された記事（https://www.minamiharuo.jp/profile/index2.html）に詳しいため，ご一読いただきたい。

表している（第3編参照）。

　このような状況からすると，国がカスハラ対策を積極的に推進していることは明らかであり，「何をすればいいのか分からない」，「音頭をとってもらわなければ動きづらい」という言い訳は通用しない。企業がカスハラ対策を何ら行わないことは，コンプライアンスの観点からも問題がある。

(5)　誤解⑤「顧客の納得がカスハラの解決である」

　最後に，著者がこれまでに事業者や企業関係者と話してきた中で最も多く見受けられた誤解について触れておきたい。それはカスハラ対策のゴールを，顧客の納得と考えてしまうことである。顧客の納得が得られない限り企業への攻撃は続くので，何らかの方法で顧客を納得させなければカスハラ対策は終わり＝「解決」を迎えないと認識している企業担当者はかなり多い。

　しかし，これは明らかな誤解であると言わざるを得ない。カスハラ対策の主目的は企業の防衛であり，それはすなわち，従業員のダメージや対応コストをゼロに近づけることである。顧客の納得はこれらをゼロにする手法の1つではあるが，唯一の選択肢ではない。納得を得るのが唯一の解決策であると考えていると，結果的に不当要求に応じることや，際限ない対応を強いられることになる。

　常に意識しておくべきなのは，カスハラ顧客や不当クレーマーに対しては対応を拒絶したり，こう着状態を作ったりすることで，ダメージやコストをゼロに限りなく近づける「解決」の選択肢も考えられるということである。

第2章 クレーム対応のプロセス

1 総 論

(1) 「内容の対応軸」と「手段・態様の対応軸」

正当クレームとは，要求「内容」が正当，かつ，要求「手段・態様」が正当なクレームである。

不当クレームとは，要求「内容」が不当，又は，要求「手段・態様」が不当なクレームである。

したがって，クレーム対応のプロセスにおいては，「内容」と「手段・態様」の2つの対応軸を考慮の上で対応に当たらなければならない。便宜上，この2つの対応軸を「内容の対応軸」と「手段・態様の対応軸」と呼ぶ。

2つの対応軸は並行して検討すべきものであるが，「内容の対応軸」の方が時系列的なフローを意識しやすい。そのため，クレーム対応のプロセスにおいては，「内容の対応軸」を機軸に据え時系列的な手順書を作成し，これに沿って対応するとよい。そして，「手段・態様の対応軸」については当該手順書において別に判定基準（架電の頻度・時間，暴言と認定する表現の基準など）を設け，「内容の対応軸」の全過程を通して同時並行的に当該判定基準を参照して要求「手段・態様」が不当なクレームに当たるかの判定を行うとよい。

(2) 「内容の対応軸」におけるクレーム対応のプロセス

「内容の対応軸」におけるクレーム対応のプロセスは，下記のとおりである（以下，単に「クレーム対応のプロセス」と表記する場合は，「内容の対応軸」におけるクレーム対応プロセスを指すものとする）。

〈図表4 「内容の対応軸」におけるクレーム対応プロセス〉

| ① | 【聴取】 顧客の主張及び要求内容のヒアリングを行う。 |
| ② | 【調査】 聴取を踏まえ，客観的事実関係等の確認を行う。 |

③　【判定】　調査を踏まえ，要求内容の正当性について判定を行う。

④　【回答】　判定を踏まえ，回答を行う。

⑤-A　**要求内容が正当なクレームの場合：履行**

　　　　　　回答した内容を履行し，正当クレームの内容を社内にフィードバックする。

⑤-B　**要求内容が不当なクレームの場合：反復，こう着状態化**

　　　　　　既存の回答を反復し，こう着状態を作る。

　本章**2**以下では，「内容の対応軸」における上記【聴取】，【調査】，【判定】，【回答】のプロセスを，事例を基にして，段階ごとに通覧していく。

(3)　「手段・態様の対応軸」におけるクレーム対応のプロセス

　要求手段・態様が不当なクレームは，突発的に発生することが多い（顧客が店舗施設内で暴れる，暴言を吐く，架電が不当に長時間にわたるなど）。そのため，要求内容が不当なクレームに対するクレーム対応プロセスと比較すると，臨機応変な判定と対応が要求される。

　厚労省カスハラマニュアルに示された基準によれば，要求「手段・態様」が不当なクレームとは，「要求を実現するための手段・態様が社会通念上不相当」である場合をいう。

　「要求を実現するための手段・態様が社会通念上不相当」か否かの判定に関しては，企業内であらかじめ判定基準を作成しておくとよい。そして，この判定にあたっても【調査】（顧客の言動の確認，企業内の判定基準の確認・調査）⇒【判定】（当該判定基準等に照らして要求手段・態様が社会通念上不相当か）という「内容の対応軸」と同様のプロセスを意識する。

　要求「手段・態様」が不当なクレームに当たると判定した場合は，類型別の対応手順に従って対応する。企業内であらかじめ緊急の連絡先（弁護士，所轄警察，カスハラ担当部署）などを記載した類型別の手順書を作成するとよい。参考として，類型別の対応例については，厚労省カスハラマニュアル26頁から28頁に記載がある。

　さらに，企業側において法的保護に値する権利侵害が発生し事業活動に支障が生じているような場合は，不当クレーマーに対して法的措置を行う

ことを検討する。例えば，暴行罪，器物損壊罪，不退去罪などの刑法犯に該当する場合は刑事告訴を検討する（第2編第1章3(5)参照）。長時間・高頻

〈図表5　クレーム対応のフローチャート〉

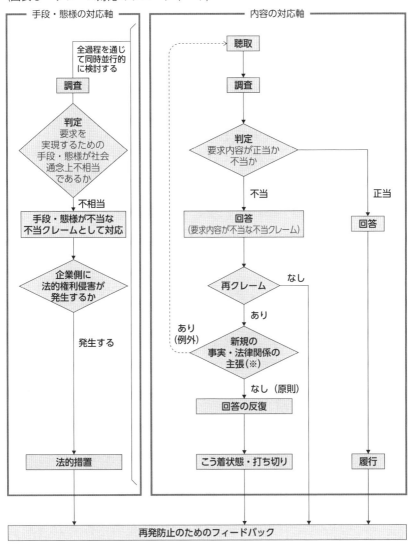

※　【聴取】時点で顧客の主張・要求内容を聴取後，顧客に対し，他に主張がないことを確認するなどして，可能な限り事後的な新規主張を避ける。

度の架電により業務に支障が出る場合は架電禁止の仮処分を検討する（第2編第1章**1**(6)参照）。インターネット上において事実無根の誹謗中傷があり名誉毀損に該当する場合は発信者情報開示請求，削除請求，不法行為に基づく損害賠償請求を検討する（第2編第4章参照）。

(4)　再発防止のためのフィードバック

　　正当クレームは，企業の事業活動を改善する資源にもなり得る。また，不当クレームに対する対応事例の蓄積は，クレーム対応フローの改善や企業側の正確なリスク評価にもつながる。

　　したがって，クレーム【聴取】，【調査】等によって判明したクレームの原因，改善策，クレーム対応における不備，回答，履行内容などをクレーム対応履歴として記録・保管し，組織全体にフィードバックすることはどのようなクレーム対応事案においても重要である。

2　【聴取】（顧客の主張の確認）

ポイント

聴取事項　①　**事実関係（何があったのか）**
　　　　　　　　　　5W1Hを意識して，評価ではなく事実を主に聴取する。
　　　　　　②　**要求内容（どうしてほしいのか）**
　　　　　　③　**氏名，住所，連絡先**
　　　　　　　　　　受領の際は，個人情報保護法との関係から利用目的や共有範囲に同意を得ておけるとなおよい。
聴取のポイント　①　**丁寧に対応する。道義的謝罪を有効活用する。**
　　　　　　　　②　**聴取に徹し，【回答】は控える。**
　　　　　　　　③　**記録化する。**

(1)　聴　取

　　クレーム対応のプロセスの第1段階は【聴取】である。

ア　聴取事項

　　聴取事項は大きく2つある。①事実関係（何があったのか），②要求内

容（どうしてほしいのか）である。これに加えて③当該顧客の連絡先など
を聞き取っておけると回答が行いやすい。なお，氏名等の聴取の段階で，
要求「手段・態様」の不当クレームであること（例えば，反社会的勢力，非
弁行為）が判明した場合は，別途対処を検討する（第２編第２章 **7** 参照）。

イ　聴取のポイント

　　聴取の際は，５Ｗ１Ｈ（いつ，どこで，だれが，なにを，なぜ，どのように）
に従って具体的に聴取することが大切である。

　　聴取において気を付けるべき点は，①丁寧な対応を心がけ道義的謝罪
を差し挟みつつ相手の感情を穏やかにすること，②聴取の段階では聴取
に徹して曖昧な回答や意見を挟まないこと，③聴取内容が曖昧にならな
いように記録化することである。

(2)　事例による検討

ア　悪い例

顧客：「おたくの商品が腐っていたせいでうちの子供が体調不良になった」

従業員：「食中毒が出たなんて話は他に聞いていませんけれど……」

顧客：「客の言うことを疑うのか？話にならん！店長を出せ！」

店長：「申し訳ありません。ご返金させていただきます」

顧客：「返金で済むと思ってるのか！誠意を見せろ！」

　　上記例では，５Ｗ１Ｈに従って事実関係と要求内容を分けた【聴取】
が一切できていない。これでは，当該顧客が「いつ，だれが，どこで，
何の商品を購入した」という主張をしているのかすら曖昧なままであり，
主張するような商品販売の事実があったか否かすら事後的に調査するこ
とができない。

　　また，調査を経ることなく，顧客の言い分に反論し，さらに法的責任
の判定を待たず，「返金する」という責任を認める趣旨の回答をしてし
まった結果，要求がエスカレートしてしまった。

イ　良い例

顧客：「おたくの商品が腐っていたせいでうちの子供が体調不良になった」

【ポイント1　事実関係に関する聴取を行う】
① 契約関係（購入日時，商品名，個数，購入者など）
② 侵害状況（問題の商品を食べた日時，商品の状態，他の侵害原因の有無，証跡の有無など）
③ 侵害結果（体調不良の内容，医師の診断，投薬・診断書の有無，治療費の額など）

従業員：「ご不快な思いをさせてしまい恐れ入ります。購入日等の詳細をお伺いしてもよろしいでしょうか」

顧客：「5日に買ったショートケーキだよ」

従業員：「当月5日にご購入されたショートケーキですね。ご購入者は，ご本人様でよろしいでしょうか」

顧客：「そうだよ。まず謝罪はないのか？」

従業員：「お手間を頂戴して大変申し訳ありません。まずはお問い合わせ内容のご確認をさせていただければと存じます」

【ポイント2　要求内容に関する聴取を行う】
① 要求内容の具体的な種別（金銭，代替品の提供，謝罪・説明など）
② 要求内容の内訳（損害賠償の額，項目など）

顧客：「それで責任とってくれんだろうな？」

従業員：「責任と申しますと，具体的にはどのようなご要望になりますでしょうか」

顧客：「そんなことも言わなきゃ分からないのか？」

従業員：「恐れ入ります。ご教示賜りますようお願い申し上げます」

顧客：「誠意を見せろって言ってるんだよ」

従業員：「お客様のお問い合わせ内容からご拝察しますと，商品代金及び医療費相当額についてのご請求とお伺いしてもよろしいでしょうか」

顧客：「そんなことは当たり前だ！それに慰謝料として100万円はもらわない

　　　　と。うちの子は何日も熱が出たんだ！」

従業員：「まず，医療費に関しまして，診断内容の資料等は拝見できますで
　　　　しょうか」

顧客：「客の言うことを疑うのか？」

従業員：「恐れ入ります。弊社といたしましても，ご回答の検討に当たりま
　　　　して，診断書をご確認させていだければと存じます。診療された
　　　　医院にて診断書の取得とご提出をお願いいたします」

　　上記例では，事実関係及び要望について，５Ｗ１Ｈを意識した詳細な
【聴取】ができている。そして，顧客側からの曖昧な発言に対しても，
適宜道義的謝罪（「お手間を頂戴して申し訳ありません」等の法的責任を認めない
謝罪。第２編第２章■参照）を挟みつつ，あくまでも聴取の姿勢を崩さずに
対応できている。

　　このように【聴取】ができれば，後続の【調査】において事実関係を
調査すべき事項も定まり，これを基に要求内容の正当性について【判
定】することが可能になる。

③ 【調査】（客観的事実の確認）

調査のポイント　①　**客観的に調査する**

　　　　客観資料（レシート，診断書，ビデオ録画等）の裏付け
　　をとる。

　　②　**先入観を排除する**

　　・顧客と従業員のどちらの発言も鵜呑みにせず，「決め
　　　付け」ない。

　　・多角的・複数人に調査を行い，客観証拠との整合性を
　　　検討する。

(1)　調　査

　　クレーム対応のプロセスの第２段階は【調査】である。

　第1段階の【聴取】のプロセスで，調査すべき事実関係が判明したら，次に，「当該聴取内容に裏付けは存在するか」，「どの程度の客観証拠の下支えがあるのか」という点について企業側で調査を行う。

ア　調査方法

　　具体的な調査方法は，①従業員その他の関係者に対する事実関係の確認，②客観資料の収集・保存が中心となる。

イ　調査事項

　　調査事項は，聴取内容・事案に応じて多岐にわたるが，大枠で下記のとおり分類できるであろう。

【調査事項】

1　顧客側の事実関係

①　**契約・商品に関する事実関係**
- ・契約履歴・出納履歴（レシート，領収書，クレジットカード履歴など），店舗映像などの客観資料
- ・従業員・関係者からの聴き取り調査

②　**主張（侵害状況・侵害結果）に関する事実関係**
- ・問題商品の現物・写真，侵害結果に関する写真，医師の診断書・専門家の鑑定書・事故報告書などの客観資料の提出を求める

③　**要求内容に関する事実関係**
- ・損害に関する領収書（治療費，代替品購入費，クリーニング代，運賃，郵送費など）などの客観資料の提出を求める

2　会社側の事実関係

①　**社内規範・契約内容等の責任根拠**
- ・契約書，約款，内規などの書面資料を中心に調査
- ・口頭合意や慣行の有無は，従業員からの聴き取りにより把握

②　**社内規範・契約内容等の履践状況**
- ・録画録音・メモ・メール，他の製品等の客観資料
- ・従業員・関係者からの聴き取り調査

③　**履践状況が不十分であればその原因**

・第三者の行為又は不可抗力の影響はあるか

④　**要求内容に対する判断方針の根拠資料**

・過去の対応事例

・同種の業界における慣行・対応水準

ウ　調査のポイント

　　調査を行う際は，顧客又は従業員のいずれの主張に対しても先入観を持つことなくフラットに聴取しなければならない。また，客観証拠と対照しつつ供述の信用性について検討することが必要である。このようなフラットな聴取を担保するためには，聴取対象者を１人に限定せず複数人から多角的に聴き取る方法，聴き手を１人に限定せず聴取内容について客観的視点を持つ監督者のダブルチェックを経る方法などが考えられる。

(2)　事例による検討

　　本件クレーム事例では，以下のような調査事項が検討できる。

【調査事項】

1　顧客側の事実関係

①　**契約・商品に関する事実関係**

　　顧客が「当月５日に，当店舗で，当該顧客が，現金でショートケーキ２個を購入した」と主張した点

　　⇒当日のレシート，帳簿等を調査

②　**主張（侵害状況・侵害結果）に関する事実関係**

　　顧客が「食べた日は覚えていない」と述べ「治療費が掛かった」と述べた点

　　⇒診断書の提出を求め，日付・診断内容を調査（調査事項１）

2　会社側の事実関係

①　**社内規範・契約内容等の責任根拠**

　　　　　　⇒社内規範の確認や社員からの慣行の聴き取りに基づき，衛生基準，
　　　　　　商品提供手順を調査
　②　社内規範・契約内容等の履践状況
　　　　　　⇒温度記録，機器トラブル履歴，材料仕入元の調査，消費期限の調査，
　　　　　　従業員からの聴き取り等により衛生基準等が実際に履践されていた
　　　　　　か調査
　③　履践状況が不十分であればその原因
　　　　　　⇒例えば，冷蔵庫の温度管理ができていなかった場合，それの原因
　　　　　　（停電，ドアの閉め忘れなど）に従って改善案を検討
　④　要求内容に対する判断方針の根拠資料
　　　　　　⇒自社における過去の対応事例の調査，業界内でのクレーム対応標準
　　　　　　の調査

4　【判定】（要求内容の正当性の判定）

判定のポイント　①　**法的責任の有無を中心として，要求内容の正当性の判
　　　　　　　　　　定を行う**
　　　　　　　　②　**組織的対応**
　　　　　　　　　　従業員（顧客対応者）限りで判断せず，判断権者が判
　　　　　　　　　　定基準を参照し，社内全体で一貫性のある判定・対応を
　　　　　　　　　　行う。
　　　　　　　　③　**普遍的対応**
　　　　　　　　　　顧客間の取扱いが平等・公平となる普遍的な判定・対
　　　　　　　　　　応を行う。

(1)　判　定
　　クレーム対応プロセスの第3段階は【判定】である。
　　第1段階の【聴取】で調査すべき事実関係を明らかにし，第2段階の
【調査】で当該事実関係の裏付けとなる証拠などの判定材料を収集した。

これに基づき，第3段階では【判定】を行い，企業側において要求内容の正当性を判定し対応を決定する。

ア　要求内容の正当性の判定基準

　　要求内容の正当性の判定は，民事裁判を見越した法的責任の有無の判定と多くの場合は一致する。

　　しかし，常に法的責任の有無と一致するわけではなく，企業内の独自の基準によって要求内容の正当性を判定することもままある。例えば，食品小売業界などでは，民事裁判を想定すれば十分な立証を欠く場合であっても，購入証明があり要求に不審な点がなければ，商品代金相当額の返金要求については要求内容の正当性を認めて返金対応をとる企業もある。

　　したがって，企業内部において，頻繁に生ずるクレーム類型については，要求内容の正当性の判定基準及びこれに基づく対応基準を作成しておくとよい。当該判定・対応基準の作成に関しては，民事裁判を見越した**法的責任の判定**を中核としつつ，**行政上・業法上のリスク**（民事上の請求において顧客が請求原因事実を立証困難な事例であっても顧客からの通報等を契機として立入調査，行政指導，行政処分，許認可の取消等がなされる可能性がある点），**社会的・道義的責任やレピュテーション**（法的な過失・義務違反には至らない何らかの落ち度があり得る点，業界の標準的対応水準等を踏まえて要求拒絶が一般顧客の評価を落とす可能性がある点。逆に，弱腰の対応が紛争の拡大やマイナスの風評をもたらす点），**紛争解決に要するコスト**（民事裁判における勝訴可能性が高い場合であっても終局判決までに要する対応時間・費用などの紛争コストを要する点）などを考慮する。

イ　組織的対応，普遍的対応

　　要求内容の正当性の判定及びこれに基づく対応の検討に際しては，**組織的対応**（従業員（顧客対応者）限りで判断せず，判断権者が判定基準を参照し，企業内全体で一貫性のある判定・対応を行うこと）（第1編第3章参照），及び，**普遍的対応**（顧客間の取扱いが平等・公平となる普遍的な判定・対応を行うこと）に注意することが必要である。

　そのためにも，あらかじめ頻繁に生ずるクレーム類型については，要求内容の正当性の判定基準及び対応基準を作成し，これに基づいて対応を行うことが望ましい。

(2)　事例による検討

　本件クレーム事例では，調査事項を踏まえて，以下のような判定プロセスをたどる。

【調査結果】

　顧客側の事実関係のうち，「①契約・商品に関する事実関係」の調査によれば，客観資料のレシート履歴から判断するに，顧客は確かに当月5日に生菓子を購入していた。

　「②主張（侵害状況・侵害結果）に関する事実関係」，「③要望に関する事実関係」に関しては，顧客から内科医における領収書は提出されたものの，診察日付は当月20日と購入日から相当の期間を経た後であった。その上，診断書については，これを拒否された。

　会社側の事実関係のうち，「①社内規範・契約内容等の責任根拠」，「②社内規範・契約内容等の履践状況」としては，当月5日前後の材料及び保管状況に法令上の問題はなく，菓子の消費期限についても適切に明示されており，当日は保冷剤も付与されており，同種の生菓子は当日複数個販売されていたが本件クレームと同種の苦情は寄せられていないことが分かった。

　「④要望に対する判断方針の根拠資料」に関しては，過去に同種のクレームが寄せられた際にも，要求内容の正当性がないと思料される場合には返金等の対応は行っていないことが明らかになった。

【判定】
①　要求内容の正当性の判定

　以上の調査結果から，確かに顧客は商品を購入していたものの，販売時の状況からして商品に不具合はないものと判断され，購入日と診療日にずれがあり，仮に顧客に体調不良があったとしても商品が原因とは考え難く，会社側に法的責任はなく，要求内容に正当性がない可能性が高いものと判定された。

---

② 対応の判定

　過去の事例との平等性も踏まえて，本件クレームに対しては，調査要旨を回答の上，法的責任がなく損害賠償等の金銭支払義務はない旨回答することとした。

5 【回答】（組織としての回答）

回答のポイント　①　回答は基本的に書面で行う。

　　　　　　　　②　表現は，簡潔かつ丁寧な記載をする。

　　　　　　　　③　必要に応じて，書面の送付方法を使い分ける。

(1) 回答

　クレーム対応のプロセスの第4段階は【回答】である。

　第1段階の【聴取】で調査すべき事実関係を明らかにし，第2段階の【調査】で当該事実関係の裏付け等の判断資料を確定し，これに基づき第3段階の【判定】で法的責任を踏まえた上で企業側のとるべき対応を決定した。当該対応方針を顧客に伝達するのが【回答】のプロセスである。

ア　回答の方法

　回答の方法は，大きく口頭・書面・電磁的方法（Eメールなど）が考えられる。書面は，必要十分な内容を伝えられ，証拠として残しやすく，形式として儀礼上の重みも有し，不当クレームに対する反復的対応のためにも用いやすい。そのため，書面による回答が望ましい。

イ　書面作成に当たっての注意点

　書面の作成に当たっては，当該書面が第三者に開示されるリスクや，後に不利な証拠資料として用いられるリスクを考慮して，簡にして要を得た回答に留め，曖昧・誤解を与える表現は用いずに丁寧な文面とすべきである。

　ただし，判定の結果，説明義務を果たすべきと判断された事情につい

ては，適宜資料を開示するなどして誠実に回答する。

ウ　書面の送付方法

　　また，書面の送付方法には下記のとおり様々な形態があるが，郵送履歴の記録化，配送の簡便さ，様式として受ける印象からして，基本的に特定記録郵便又は簡易書留が使い勝手が良い。

　　ただし，不当クレームであることが明らかな場合や，後に訴訟となる可能性が高いなど回答内容を立証する必要性が高いと見込まれる場合は，内容証明郵便の送付を検討する。

〈図表6　書面の送付方法〉

	内容の立証	到達日の立証	手渡しの有無	簡便さ・印象
普通郵便	×	×	ポスト投函	簡便・様式自由
特定記録郵便	×	○（投函日）	ポスト投函	簡便・様式自由
書留郵便	×	◎	手渡し	簡便・様式自由だが，ある程度厳格に見える
配達証明付内容証明郵便	◎	◎	手渡し	費用（2000円前後）を要す・様式固定で厳格

(2)　事例による検討

　　本件クレーム事例の判定内容を踏まえて，下記のような回答が考えられる。

〈例1　回答書〉

> 住所地によって個人を特定する。

令和4年10月13日

東京都千代田区00-0

山田　太郎　殿

> 担当従業員ではなく，少なくとも「部長」，「店長」等の権限者名義とする。

　　　　　　　　　　　　　　　　　　○×株式会社
　　　　　　　　　　　　　　　　　　●●部部長　鈴木　花子　㊞

お問い合わせ内容に対するご回答

前略　貴殿より賜りました令和4年9月25日付お問い合わせの件に関しまして，社内で調査・確認の上，下記のとおりご回答いたします。

　貴殿は，同月25日付お問い合わせにおいて，同月5日ご購入の商品XXを貴殿のご子息が食べられたところ体調不良が生じ同月20日に診察の上，投薬治療を受けた旨主張され，弊社に対し商品代金の返還，医療費の相当額及び慰謝料100万円の支払を求められました。

　弊社において，調査・確認したところ，本件商品につきましては衛生上・品質上の問題はないことが判明いたしました。

　したがいまして，お問い合わせの件に関しましては，弊社に損害賠償等の法的責任はないものと判断いたしましたので，その旨ご回答いたします。

　　　　　　　　　　　　　　　　　　　　　　　　　　　　草々

⑥　【要求内容が正当なクレームの場合：履行】

 ポイント

① 履行の事実を記録して，証拠を残す。
② 紛争の蒸し返しのリスクが高い場合は，合意書の作成を検討する。

　クレームの内容を問わない対応フローである【聴取】⇒【調査】⇒【判定】⇒【回答】のプロセスを終えた後の対応は，要求内容が正当か不当かに

よって異なる。要求内容が正当なクレームの場合の【回答】後の対応は以下
のとおりである。

(1) 履行及び事実の記録

　　顧客の要求内容のうち法的責任のある部分については，回答の内容に
従って速やかに履行を行う。

　　履行の際には，必ず履行の事実を記録し，証拠化しておく。紛争の蒸し
返しを予防するためである。

　　記録する内容は，履行日，履行担当者，履行場所など履行内容に応じて
様々である。

　　金銭や物品を交付する場合は，対面交付であれば交付と引き換えに領収
書や受領証の交付を求める（民486条1項）。

　　受領証の交付を顧客が拒むことが予想される場合は，別の方法によって
履行の事実を証拠化する。例えば，金銭交付の事実は振込送金や現金書留
の方法によることで立証が可能である（ただし，何の名目で交付された金銭で
あるかの直接証拠にはならない）。物品交付の事実であれば，内容物の封入か
ら動画や写真で撮影を行い，郵便物の識別番号（追跡番号，問合せ番号など）
の保管及び配送履歴の印刷によって証拠化する方法が考えられる。対面交
付の際には，防犯カメラによる記録が可能な場所で交付する方法も考えら
れる。

(2) 清算条項等を含む合意書の締結
ア　清算条項

　　清算条項とは，紛争当事者間において和解合意を行う際に，合意した
内容のほかには債権債務関係が存在しないことを確認する条項のことを
いう。

イ　合意書締結の適否

　　合意書によって，書面に現れた事実関係や法律関係を確定し，後々の
紛争の蒸し返しを防止することができる。他方で，顧客によっては書面

作成を嫌ったり，書面作成を契機として無用の争点が顕在化したりする
など，かえって紛争がこじれるリスクも存在する。

　そのため，紛争の蒸し返しの可能性と合意書締結の難易を踏まえて，
合意書締結の適否を検討する。具体的には，①要求内容が高額である場
合，②要求内容の一部に限り法的責任を認める場合，③事実関係に関す
る客観証拠が乏しい場合などは紛争が蒸し返される可能性が高く，請求
金額からしてそのリスクも大きいため，合意書の対応を検討すべきであ
る。ただし，当該局面においてはもはや企業内部でのクレーム対応を超
えた法的交渉に至っているといえるため，弁護士に対して個別に事件委
任するのが最適である。

　なお，合意書の名称には「示談書」，「和解契約書」，「確認書」などの
例があるが，名称によって法的効力が変わるわけではない。

ウ　合意書の具体例

〈例2　合意書（衣類の汚損に関して和解金を支払う例）〉

> 表題は，「合意書」，「和解契約書」，「示談書」などいずれでも法的効果が変わる訳ではない。

合　意　書

　▲▲（以下「甲」という。）と●●（株）（以下「乙」という。）とは，本
件事案に関し，下記のとおり合意した。

第1条　（謝罪）

　　乙は，甲に対し，×年×月×日に●●
（株）××店において乙の従業員××が
甲の衣服，持ち物等を汚損した件（以下
「本件事案」という。）に関し，真摯に謝
罪する。

> 事実関係の記載については，通常は，要旨の記載で足りる。事実関係について詳細な確認が必要である場合は，個別の確認条項を設ける。

> 支払われる金銭の性質を記載する。
> 「和解金」や「解決金」などの表現であれば，請求根拠に限らず広く利用しやすい。

第2条　（和解金）

　　乙は，甲に対し，本件事案に関する一切の和解金として金3万円の支払義務があることを認める。

> 合意書締結の後に支払う場合は，「受領」の確認条項を「支払方法」の条項に差替える。

第3条（支払方法）

乙は，甲に対し，前条の金員全額を，本合意の日から1週間限り，甲の指定する銀行預金口座に振り込む方法によって支払う。振込手数料は乙の負担とする。

第3条　（受領）

　　乙は，甲に対し，前条の金員全額を，本合意の席上で支払い，甲はこれを受領した。

> 刑事上又は民事上の請求，申立等を行わないことの合意を結ぶことも検討できる。
> 法人のほか従業員や役員個人に対する誹謗中傷等も明確に防止する場合は具体的事実関係を踏まえて条項を修正する。

第4条　（口外，信用毀損，誹謗中傷の禁止）

　　甲及び乙は，本合意の存在，内容及び本件事案に関連する一切の情報を口頭，メール，SNS・掲示板・ウェブサイト等への書込み，書面，その他方法を問わず，第三者に開示又は漏洩せず，相手方に対する信用毀損，誹謗中傷行為を行わない。

> 継続的な取引関係があるなど本件事案以外にも法律関係が生じている場合は，清算の範囲を明示する。

第5条　（清算）

　　甲及び乙は，甲と乙（乙の役員，従業員等を含む）との間には，本合意書に定めるもののほかに何らの債権債務がないことを相互に確認する。

　　以上のとおり，合意が成立したので，その証として，甲乙各自記名捺印又は署名押印の上，本合意書2通を作成し，各1通を保有する。

令和××年×月×日

(甲) 住所 ×××××××

氏名 ▲▲ ▲▲ ㊞

(乙) 所在 ×××××××

商号 ●●（株）

代表 代表取締役 ●● ●● ㊞

7 【要求内容が不当なクレームの場合：反復，こう着状態化】

 ポイント

① 不当クレーム対応の目標は，「こう着状態」を作ること。

② 不当クレームに対しては，同一回答を繰り返す。

要求内容が不当な不当クレームの場合の【回答】後の対応は以下のとおりである。

(1) 同一回答を繰り返す

ア 目標は「こう着状態」を作ること

不当クレーム対応におけるよくある失敗は，「企業側が正しい回答を行えば不当クレーマーも最終的には非を認めて引き下がる」という期待や「クレーム対応の最終目標は『顧客の納得』である」という誤解から生じている（第1編第1章5(5)参照）。しかし，不当クレーマーに対して時間を割き言葉や視点を変えて説明しても，かえって態度を増長させたり言葉尻を捉えられクレーム内容が拡大・拡散するだけである。

不当クレーム対応の真の最終目標は，「こう着状態」を作ることにより企業側の不当クレーム対応コストを小さくすることにある。

イ 同じ回答を繰り返す

「こう着状態」とは，企業側の回答内容を固定化して堂々めぐりの状態を作ることである。

　つまり，不当クレーマーの同一・類似の要求に関しては，企業側も全く同一の回答を行う。具体的には「当社の回答といたしましては，●月●日書面でご回答のとおりです。」等と繰り返すとよい。何を言われても，敢えて言い換えをせずに同様の文言を繰り返す。

　例外的に，不当クレーマーから新事実や新規の法律構成に関する主張がある場合は，再度【聴取】⇒【調査】⇒【判定】⇒【回答】を行う必要がある。この再度の対応を避けるために，初回の【聴取】時点で，顧客に対しほかに主張がないことなどを確認するなどして可能な限り事後的な新規主張を避けるように努める。

　また，従前主張されなかった新事実や新規の法律構成が当初の主張に比べて法的に有意味であることは稀であるし，再度の【調査】等を要するとしても既に調査済みの事項も多いであろうから，再度の対応にかかるコストは初回対応に比べて小規模にとどまる。この繰り返しによって，企業側の対応コストを小さくしていき，こう着状態を作る。

(2)　法的措置の実施

　回答の反復によってもこう着状態が作れない場合や，企業側の対応コストが減らない場合がある。例えば，①架電や訪問の量（時間・頻度）自体が相当多い場合，②暴力・暴言・侮辱自体が止まない又はエスカレートする場合，③インターネット上等の企業外でのクレーム活動を生じている場合，④他の顧客への影響が生じている場合などである。この場合はもはや，「要求を実現するための手段・態様が社会通念上不相当」に至っているといえ，「手段・態様の対応軸」におけるクレーム対応プロセスをとる（本章■(3)参照）。すなわち，当該状態に関する証拠を収集・記録して，各不当クレームの類型に従って，法的措置の実施を検討する。

第3章　組織的対応の重要性

⬛1　組織としての回答

　クレームを受けた際，顧客等に対しては，「組織としての回答」を行わなければならない。その理由及び重要性について解説する。

> 　クレームを主張する顧客等に対しては，明確に「組織としての回答」であることを示す必要がある。
> 　従業員が，「組織としての回答」として回答をしなければ，①クレームは繰り返し続く可能性が高くなり，また，②回答をした個人が，顧客等から逆恨みをされ，執拗な非難や要求を受ける結果にもなりかねない。実際に，「組織としての回答」を行わなかったことにより人命が奪われたケースもある（鹿沼市職員殺人事件）。③企業には，従業員の生命・身体の安全等を確保する義務がある（労契5条）。

組織としての回答を行うべき理由

ア　従業員の仕事は企業活動の一部

　組織として回答を行わなければならない理由は，当然のことながら，クレームを寄せられた「企業」の活動に対する非難や要求だからである。

　たとえ，一人の従業員の行為に対するクレームであったとしても，それが，クレームを寄せられた企業の活動として行われた場合には，「○○（企業）の従業員が行った」と，顧客側は認識していることも多い。

　このような場合には，クレームを主張する顧客は，「組織としての回答」を得られなければ，往々にして納得しない。

イ　クレームが延々と続く危険性

　顧客は，要求を通したいがために，従業員が要求を拒絶した場合，「上司を出せ」，「人事部と話がしたい」，「社長との面談を希望する」などと，別の部署や別の従業員との話を希望することがある。

他方で，顧客の希望どおりに上司を出して対応しても，要求を拒絶すれば，さらに別の部署との話合いを求められることがある。このように，明確に「組織としての回答」を示さない場合には，クレームが延々と続く危険性がある。

ウ　クレームに対応した従業員への執拗な非難及び要求の可能性

企業が，顧客に対し，明確に「組織としての回答」を行わない場合，顧客が，従業員のせいで自身の要求が通らないと誤解し，同従業員に対して，更なる非難や要求を繰り返すことがある。その結果，同従業員が精神的に追い込まれるケースも多い。

その結果，人命を奪われるケースもある。市役所職員が1人，市の廃棄物処理業者に対し，適正かつ公正な行政の実現を目指し対応を行った結果，同業者において，「当該職員に要求の実現を妨害されている」と逆恨みされ，殺害されたという痛ましいケースが存在する（鹿沼市職員殺人事件。宇都宮地判平16・3・16刑集59巻9号1855頁，下野新聞連載2003年8月13日～）。

エ　安全配慮義務（労契5条）の遵守

前項で述べたとおり，「組織としての回答」を行わないことにより，不当クレーマーから従業員への非難や要求が繰り返され，従業員の心身の健康が確保されない可能性がある。

企業には，労働契約法5条により，従業員の生命，身体の安全等の確保を図るように配慮する義務があるのであって，顧客からの不当な非難や要求から従業員の心身の健康が守られるよう配慮しなければならない。

2　組織としての方針の決定

「組織としての回答」を行う際には，前提として「組織としての方針」を決定しておく必要がある。

クレームへの対応は企業ごとに異なることが想定されるため，企業ごとに

クレームへの対応方針を決定する必要がある。なお，対応方針は，従業員の安全配慮義務に反しない範囲で決めることが必要である。

　企業にとって，顧客は非常に重要な存在であり，不当クレームであったとしても，売上や企業の印象，評判を考えた際に，多少の不当クレームには応じるという判断もあり得るところである。

　その判断は，最終的には事案に応じて修正されるとしても，事前に，全ての事案の解決の方向性である大枠の方針決定をしておく必要がある。クレームが発生してから方針決定を行うと，クレーム対応についての企業の方針にブレが生じ，顧客への不平等が発生するおそれがある。また，そのことを顧客に指摘され，執拗に非難されることもあり得る。

　そして，その方針決定は，企業の経営方針や経営理念，行動理念などにも関わるところであり，クレームが生じた際ににわかに決めるべき事柄ではない。企業の経営陣が，業務内容，業務規模，業界の状況等，企業を取り巻く環境を踏まえ，事前に定めておくべき事柄である。

　なお，多少の不当クレームに応ずるとしても，その結果，従業員に過度の負担を負わせ，当該従業員の心身に不調が生じないように配慮する必要はある（労契5条）。

③　事前の対応準備

　「組織としての回答」を行う上では，事前の対応準備をしておく必要がある。

　クレーム発生時点からその対応や回答まで，それほど時間がなく，また，クレーム対応につき企業の方針決定を行ったとしても，その方針に沿って実際に従業員が対応を行う場合に，対応内容にばらつきが生じる可能性がある。そこで，事前にクレーム対応の準備をしておく必要がある。クレーム対応に精神的負担を感じる従業員が多いのも実情である。クレーム対応の準備がしてあり，どのようにクレームに対処すればよいかがあらかじめ分かれば，従

業員の心理的負担を減らすこともできる。

(1)　事前の対応準備の重要性

ア　事前に準備しない場合のリスク

　　実際にクレームが発生した際，多くの場合その場で何らかの第一次的な対応を行わざるを得ない。また，その後，回答等の対応を行うまでもそれほど時間がないことも多く「組織としての回答」であるクレーム対応について，企業が決定する十分な時間を確保することは難しい。

　　また，クレーム対応につき，「組織としての方針の決定」を行ったとしても，実際に，クレームに対応する従業員間の対応，意識をそろえておかないと，企業の方針の解釈が異なり，又は，その解釈に沿って選択する行動が異なってしまう。結果として，クレームへの対応内容が異なる可能性が生ずる。

　　クレーム対応内容が異なれば，例えば何度も同じ要求を繰り返す顧客であれば，前回と今回で対応が異なるとして，更なるクレームを主張される原因となる。また，企業において，顧客を平等に扱うべきとする経営方針があれば，その方針にも反することとなる。

　　さらに，クレーム発生後の第一次的な対応（初動対応）に誤りが生じれば，更なるクレームにも発展し，その後クレーム処理が長引くおそれもある。

イ　従業員の負担の軽減

　　特に，従業員（顧客対応者）によってクレーム対応能力が異なり，クレーム対処をうまくできない従業員も多々いることを想定する必要がある。実際にクレームが発生した時点において，とっさの対応を求められることは，従業員においても負担である。

(2)　事前にすべき準備

ア　クレーム対応のマニュアル化

　　クレームに対応する可能性がある従業員が，実際のクレーム発生時に，

「正当クレームか不当クレームか」（第1編第1章3参照），「実際に不当ク
レーマーやカスハラ顧客にどのような対応をとるべきか」（特に，その場
で行うべき対応，時間をおいて行うべき対応）などを想定できるように，マ
ニュアルを作成し，周知しておく必要がある。

　企業ごとに，実際発生したことがあるクレームや今後発生する可能性
のあるクレームを事例として掲載し，それに対する適切な対応や回答を
記載したマニュアルを作成できることが望ましい。

　また，実際に，

①　クレームに第1次対応をした従業員が報告する部署

②　客観的な事実関係を確認する部署

③　責任の判定をする部署

④　組織としての回答を決定するプロセスに関与する部署（第1編第2章，
第3編第5章1参照）

を取り決めて，マニュアル等に盛り込んでおくと，顧客等への対応がス
ムーズである。

イ　研　修

　上記マニュアルを作成し周知することに加え，従業員に対しクレーム
対応研修を行って，個々の従業員へクレーム対応技能を定着させていく
ことも有用である。

ウ　情報共有のためのデータベースの作成

　本章5で述べるデータベースも事前に作り，どのような情報を記載す
るのか，どのような証拠を保全するのか，あらかじめ定めておくとよい。

エ　その他

　企業によっては，クレーム窓口等を設置しているところもある。個々
の従業員での対応に加え，個々の従業員では手に余るクレームについて
は，相当のスキルを持った者が常駐する部署を設置し，その部署によっ
てクレーム対処を行うことも考えられる。

4 複数人対応の原則

「組織としての回答」を行うにおいて，顧客には複数人で対応することを原則とすべきである。

> クレームの証拠化，従業員（顧客対応者）の心理的負担の減少，クレームを主張する顧客に対して「組織としての回答」であることを印象づけるため，複数人で対応することを原則とすべきである。

第1の理由として，クレームを主張する顧客に適切に対処しつつ，証拠を保存するためである。顧客との面談時には，顧客と対話する人，顧客と対話者の対話内容についてメモ等をとり証拠化する人が必要である。後日，顧客と過去の対話内容が問題となった際にも，対話内容を記録していた人がおり，そのことを顧客が認識していれば，顧客において過去の対話内容を，自己に有利に変遷させることが心理的に困難になるという効果も期待できる。

また，予期せぬ事態が発生した場合に助けに入る者や，とっさに対応したりする者をもう1人面談に同席させることが望ましい。

第2の理由として，クレームを主張する顧客に対応する従業員の心理的負担を減らすためである。1人で対応する場合には，面談において，顧客との対話内容に神経を使いながら，証拠を残すために記録をとり，さらには，顧客からの予期しない迷惑行為（突然，写真や動画を撮影されるなど）にとっさに適切に対処しなければならないなどの負担がある。また，他業務を抱えながら，面談，メール，電話等の手段で，日々顧客とのやり取りを行わなければならない負担を，複数人で対応すれば，分散させることができる。

第3の理由として，クレームを主張する顧客に対し，「組織としての回答」であることを印象づけるためである。また，顧客が「組織としての対応である」，「対応者の人員数が顧客の人員数より多い」という印象を持てば，その点において，企業側が心理的に優位に立つことができる。

⑤　情報共有

「組織としての回答」を行うに当たり，企業内において，情報共有を行うことが必須である。

(1)　情報共有の重要性

「組織としての回答」を行う場合には，当然のことながら，顧客からのクレームに対し，1つの回答しか存在しないはずである。

しかしながら，情報共有を行っていないと，複数の従業員により顧客に対応した場合に，個々人が行った「組織としての回答」に齟齬が生じる可能性がある。そして，齟齬が生じた場合，その齟齬が小さな齟齬であったとしても，不当クレーマーやカスハラ顧客はその齟齬に付け入り，回答の矛盾について非難する傾向にあり，ときには謝罪を要求することもある。情報共有を行わないと，不当クレーマーやカスハラ顧客に心理的に有利な立場をとられることがある。

また，情報共有し，情報を1か所に集めることにより，顧客の真意や，顧客の傾向が分かることがあり，対策も立てやすい。

さらに，できる限り顧客を平等に扱うという観点からは，別の顧客から同様のクレームがあった場合，同様の対応を行うことが望ましい。情報共有していれば，過去の事例にならうこともでき有用である。

(2)　どのように，どのような情報を共有すべきか

不当クレーマーやカスハラ顧客に関するデータベースを作成し，クレームに対応する可能性がある従業員がその情報にアクセスできるようにしておく必要がある。

共有すべき情報としては，顧客の不当要求日時，要求手段・態様（メール，電話，面談（掛かった時間なども含む）），対応した従業員，顧客の話した内容（特に非難内容，要求された内容），対応した従業員の回答や対応内容などが挙げられる。

また，第2章のクレーム対応プロセスの状況や，客観的事実，法的判定

なども一緒に記録しておくとよい。

　そのほか，クレームを主張する顧客からのメールについては，複数人が閲覧できるようにし，電話や面談については，録音を残すことが望ましい。このような記録を作成しておくことは，後日，民事や刑事裁判を起こす際にも有用である。

第4章　カスハラによるリスクの把握

1　リスク把握の意義

　カスハラ対応における企業の関心事は，目の前で発生している事態に対処した場合，あるいは放置した場合には，どのようなリスクが生じるのかという点にあるものと考えられる。そこでカスハラに伴いどのようなリスクが生じ得るのかを簡単に紹介したい。

　リスクの把握には，カスハラ対策体制の構築段階，あるいはカスハラ発生後の対応初期段階において，リスクを織り込んだ上で方針を策定することができるという意義がある。これらの段階でリスクの内容や程度を見誤ると，影響を過度に恐れ，あるいは軽視するがゆえに対応の失敗を招くことになる。

　無論，具体的なリスクの程度・内容は案件ごとに判断せざるを得ない。しかし代表的な類型を把握し，それに関連する実例を知っていれば，どのようなリスクにつながるのか，その目星は付くようになるだろう。

2　リスクの具体例

(1)　レピュテーションリスク

　ア　概　要

　　レピュテーションリスクとは，企業への否定的な評判（レピュテーション）に起因して企業イメージやブランド価値が低下することによって発生する，経営面への損失を指す。カスハラの局面では，クレーマーによる業界掲示板や評価サイトへの書込み，SNSにおける拡散という形で生じることが多い（第2編4章も参照）。

　　レピュテーションリスクは，企業側がカスハラ対応の中で最も恐れるリスクではないだろうか。このリスクを過大に評価し，多少の要求を受け入れてでも事を済ませてしまうという企業も見受けられる。

　　しかし，カスハラが発生している状況下において，そのように場当たり的な判断を行う余地が残っていること自体が対策面での敗北と言わざ

るを得ない。重要なのは初期段階における「ふるい分け」である。正当なクレームであれば相応の対処を講じ，不当なクレームであれば拒絶するというルート設定を講じておけば，レピュテーションリスクを深刻に捉える必要はない。正当クレームと不当クレームの「ふるい分け」が適切に行われていれば，不当クレームは客観的に見て不当な要求であるはずであり，そのような要求に応じないとの態度が社会的な非難を受けるとは思われないからである。

　万が一，クレーマー側による一方的な主張や事実の切り取りによって，レピュテーションリスクが現実化するような事態が生じた場合には，企業側としては自己の正当性を，その判断過程とともに主張し，反論すればよい。その反論を黙殺するほど社会は無理解ではないし，カスハラという言葉が今後浸透すればするほど，適切なカスハラ対応が社会的非難を受けるというケースは減少していくものと考えられる。

イ　事例―東芝クレーマー事件

【事案の概要】

　1999年，福岡市の男性会社員が東芝に対し，購入したビデオデッキに不具合があるとして電話問合せを行った。東芝は，従前よりビデオデッキを社長に送り付けるなどの行為を繰り返していた男性会社員をクレーマーとみなしており，担当者が対応の中，荒い口調で「お宅さんみたいなのはお客さんじゃない，クレーマーっていうの」，「お宅さん，業務妨害だからね」等の発言を行った。

　このやり取りは録音されており，後日男性会社員は自ら開設したホームページ上に音声ファイルをアップロードし，問合せを行っただけであるにも関わらず暴言を浴びせられたと主張した。騒動はインターネット上において爆発的に拡散し，マスコミにも大きく取り上げられることとなった。

　東芝は裁判所に対しホームページ内容の一部削除を求める仮処分申請を行ったが，その対応も不誠実であるとの非難を受けた。そこで，最終的に東芝は副社長による謝罪会見を開き，仮処分申請を取り下げるとともに，男性会社員の自宅を訪れて直接謝罪を行った。

（朝日新聞（1999年7月10日夕刊）参照）

　東芝クレーマー事件は，我が国における「ネット炎上」の最初期の例とされる。注目すべきは対応ミスが引き起こすレピュテーションリスクの大きさである。ホームページにアップロードされた音声ファイルは５分ほどの長さでしかなかった。ほんの数分のやり取りが不当クレーマー側に強力な批判材料を与え，副社長による謝罪会見を引き起こすまでの社会的非難を招いたのである。

　東芝が相手方を不当クレーマーと認め，毅然とした対応を行うという方針をとった判断は正当なものであったと考えられる。そうであるにも関わらず東芝に対する社会的非難が集まった原因については，ネット黎明期という時代背景の影響もあり，その全てを端的に分析できるものではない。しかし，①対応を行った担当者の態度が余りにも高圧的であったこと，②会社が相手方を不当クレーマーと判断した根拠を適切に主張できなかったことが大きな要因であることは間違いないように思われる。これらは，いずれも顧客側が自らの正当性に基づいて得た「得点」ではなく，東芝側の「失点」である。

　東芝クレーマー事件は，組織内において一貫したカスハラ対策の基準を設定し，適切な対応方針を共有することの重要性を実感させるものといえる。

(2)　損害賠償責任

　ア　概　要

　労働契約法５条は，「使用者は，労働契約に伴い，労働者がその生命，身体等の安全を確保しつつ労働することができるよう，必要な配慮をするものとする。」として，使用者がいわゆる安全配慮義務を負うことを明示している。従業員がカスハラに相対する場面においても，何らの組織的対策を行わなかったがゆえに従業員が損害を被ったと認められる場合，企業は安全配慮義務違反等に基づく損害賠償責任を負う可能性がある。

　注意すべきは，カスハラに対して一定の対策を行っていた場合であっ

ても，安全配慮義務違反が生じ得る可能性は残るということである。例えば不当要求が行われた場面において毅然とした態度で要求を跳ねのけるという方針を確定し，それを貫徹できれば，企業としての利益は守られる。しかし，その状況下においても，実際にカスハラ対応に従事する従業員個人は疲弊し，個人攻撃にさらされるということに変わりはない。不当クレーマーやカスハラ顧客との接点を除去しない限り，従業員への負担は避けられないのである。

　この点については，複数人対応の原則（第3章**4**）を貫徹することが1つの予防策となる。その上で企業としては，特定の従業員に負担が掛かっていないかという点についても，常に目を光らせておく必要があるだろう。

イ　事　例

①　医療法人社団こうかん会（日本鋼管病院）事件（東京地判平25・2・19判時2203号118頁，労判1073号26頁）

【事案の概要】

　病院に勤める看護師が業務中に入院患者から暴力を受けて，頸椎捻挫，左上肢拘縮の傷害を負い，後遺症が残るとともに，その後他の事故も経て適応障害を発症するに至った。そこで，看護士は病院に対し安全配慮義務違反による損害賠償を請求した。

　判決では，患者からの暴力行為により看護士が負傷した点については病院の安全配慮義務違反が認められ，その限りで損害賠償請求が認容された。[注4]

【判旨抜粋】

　……病棟においては，看護師がせん妄状態，認知症等により不穏な状態にある入院患者から暴行を受けることはごく日常的な事態であったということができる……。したがって，このような状況下において，被告としては，<u>看護師が患者からこのような暴行を受け，傷害を負うことについて予見可能性</u>があったというべきである。……

　そして，……事柄が看護師の身体，最悪の場合生命の危険に関わる可能性

（注5）　本件では休職の長期化による解雇の可否についても問題となったが，その点は省略する。

もあるものである以上，被告としては，<u>看護師の身体に危害が及ぶことを回</u><u>避すべく最善を尽くすべき義務があった</u>というべきである。したがって，被告としては，……看護師全員に対し，ナースコールが鳴った際，（患者が看護師を呼んでいることのみを想定するのではなく，）看護師が患者から暴力を受けている可能性があるということをも念頭に置き，<u>自己が担当する部屋</u><u>からのナースコールでなかったとしても，直ちに応援に駆けつけることを周</u><u>知徹底すべき注意義務</u>を負っていたというべきである。

(注)　下線は筆者加筆

　本裁判例は，患者による暴力行為が頻発している病棟において看護師が暴行を受けたという特殊なケースであり，結論がそのまま全てのカスハラ事案に妥当するものではない。しかし，裁判所がどのような点に着目して病院側の責任を認めたのかという点については参考になる。

　本裁判例は，まず，院内において同種事例が頻発していることに照らせば，暴行が再度発生することは十分に予見可能であったことを指摘する。その上で，看護師の生命身体を守るために，病院には「最善を尽くすべき義務」があったとして，応援体制について組織的体制の構築を行わなかった点が安全配慮義務違反であると判断したのである。

　カスハラ対応の中において，顧客の行為が一線を越え，従業員への暴力に至るケースも存在する。その際，特にカスハラが頻発する職場においては，企業において従業員に対する被害が発生することも予見可能であったと判断されることも考えられる。裁判例が指摘する組織的体制の構築は，例えばカスハラ対応マニュアルの作成を通じて，対応打切りのラインや，面談を避けるべき顧客類型を明確にしていたかという点において，企業側の責務となるだろう。

　なお，この点については，小売店の従業員が顧客対応に関する安全配慮義務違反を主張した事案において，緊急連絡先や近隣店舗の連絡先の掲示，トラブルに対する指導相談体制の整備，非常事態に備えた通報用緊急ボタンの設置，深夜勤務であっても従業員を必ず2名以上

の体制とするなどの措置をとっていたことから，企業側の責任を認め
なかった事例（東京地判平30・11・2LLI/DB判例秘書（事件番号：平29(ワ)29254
号））もあり，参考となる。

② 　甲府市・山梨県（市立学校教諭）事件（甲府地判平30・11・13労判1202号
　95頁）

【事案の概要】

　市立小学校の教諭である原告が，校長のパワーハラスメントによりうつ病
に罹患したとして，国家賠償法1条1項に基づき市に，同3条1項に基づき
県に対し，それぞれ損害賠償を求めた事案。原告側は校長による多数の言
動・行動がパワーハラスメントに該当すると主張した。

　判決においては，校長の行為のうち一部が違法性を帯びるものと認定され
た。その中には，原告が児童の家の飼い犬に噛まれるという事件が起きた際，
児童家族からの苦情を解決する目的で原告に意に沿わない謝罪（判決原文に
よれば土下座に似た行為）をさせたという行為が含まれている。

【判旨抜粋】

　……パワハラの定義に該当する行為があっても，それが直ちに不法行為に
該当するものではないと解され，それがいかなる場合に不法行為としての違
法性を帯びるかについては，<u>当該行為が業務上の指導等として社会通念上許
容される範囲を超えていたか，相手方の人格の尊厳を否定するようなもので
あった等を考慮</u>して判断するのが相当である。

　……本件児童の父と祖父は，……校長及び原告に対し，前夜に原告宅を訪
問した際に，帰り際に，……「そうは言っても補償はありますよね」などと
言われ，その口調や態度等から脅迫されていると感じ，本件児童の母が，怖
くて外に出られず床に伏せっているなどと言った。

　本件児童の祖父は，……校長から見せられた報告書に「賠償」という言葉
が記載されていることについて，「地域の人に教師が損害賠償を求めるとは
何事か」などと言って，原告を非難した。そして，原告に対し，「強い言葉
を娘に言ったことを謝ってほしい」などとして謝罪を求め，本件児童の父も
同調した。

　……校長は，……本件児童の父と祖父の言動や原告に対する謝罪の要求が

理不尽なものであったにもかかわらず，原告に対し，その場で謝罪するよう求め，原告の意に沿わず，何ら理由のない謝罪を強いた上，さらに，翌朝に原告一人で本件児童宅を訪問して本件児童の母に謝罪するよう指示したものである。……<u>校長は，本件児童の父と祖父の理不尽な要求に対し，事実関係を冷静に判断して的確に対応することなく，その勢いに押され，専らその場を穏便に収めるために安易に行動した</u>というほかない。そして，この行為は，原告に対し，職務上の優越性を背景とし，職務上の指導等として社会通念上許容される範囲を明らかに逸脱したものであり，原告の自尊心を傷つけ，多大な精神的苦痛を与えたものといわざるを得ない。

(注)　下線は筆者加筆

　本裁判例は①の事例と異なり，安全配慮義務違反を扱ったものではない。学校側が何らかの事前対策を怠ったという事案ではないこと，校長による一連のパワーハラスメントが問題となった事案であることから，「なすべき行為をなさなかった」という安全配慮義務違反を追及するのではなく，校長が行った具体的行為について，不法行為の成否が問題となったものと考えられる。

　顧客からのクレームへの対処として「形だけでも謝る」という手法はよく使用される（第2編第2章**1**参照）。問題の早期解決に資することは否めないが，本裁判例のように，顧客の主張が明らかな不当クレームであるのみならず，個人攻撃の域にまで達している場合に従業員へ謝罪を強制するということは論外であり，そのような行為がなされた場合には，企業側の不法行為責任が認められる可能性は相当程度高い。また，顧客のクレーム内容に正当な面が認められる場合であっても，無理矢理謝罪させるという行為は従業員の意思決定権を侵害する面がある以上，それが労働契約関係を前提としても社会通念上許容されない程度の状況・態様において行われた場合，違法性を有する可能性もある。企業と従業員が一体となってクレーム対応を行うことの重要性という点でも，本裁判例は示唆的である。

　なお，本裁判例は厚労省カスハラマニュアル（17頁）にも取り上げ

られており，地裁裁判例ではあるが，同種事案において参照される頻度は高いものと考えられる。したがって，特に法務担当者においては判決原文も確認することをお勧めする。

(3)　過剰反応による損害拡大

ア　概　要

カスハラに対する過剰な反応により，企業に二次的な損害が生じることもある。東芝クレーマー事件（本章2(1)イ）も，過剰反応による損害拡大の一類型といえるだろう。

また，しばしば被害を受けた企業が店頭に客の顔を貼り出すなどの対抗措置を行うこともある。このような行為は名誉毀損，ないし肖像権侵害に該当し得るものであり，刑事民事両面において企業が責任を追及される可能性もあるため，厳に慎まなければならない。近時，このような対応が企業側によって行われた実例として，キッチンDIVE事件を紹介する。

イ　事例―キッチンDIVE事件

【事案の概要】

2021年5月25日の未明，東京都江東区亀戸所在の弁当店「キッチンDIVE」に，酒に酔った2名の男性客が来店した。当時は新型コロナウイルスの流行による緊急事態宣言下であり，店では電子レンジの前に客が列を作って店内が混雑することがあったため，電子レンジを撤去していた。しかし，男性客らは店員に対し，執拗に弁当を温めるよう求めるとともに，「アホ，クズ」，「お前日本人か？」等と暴言を吐き，店員に向かって小銭を投げつけるといった行為を行った。

キッチンDIVEでは，以前から万引き等の防止のために店内の様子を24時間YouTubeで配信していた。男性客らの行為も動画に残っていたため，キッチンDIVEは被害届を提出するとともに，SNS上に動画を掲載し，男性客らの捜索を呼び掛けた。当該動画はSNS上で広く拡散され，騒動はマスコミも取り上げるところとなった。

後日，男性客らはキッチンDIVEへ謝罪に訪れたが，同店はこれを受け入

れなかった。同店からのSNS上での報告によると，その後男性客らは逮捕された。

キッチンDIVE事件においては店側の対応が広く社会的支持を得たが，映像を公開したことは，法的観点からいうとリスクの大きい手法である。一般論として，我が国において法的手続に基づかない権利実現（いわゆる自力救済）が認められるケースはほとんどなく，映像公開は名誉毀損に該当する可能性が極めて高い。(注6)

なお，この事件は当事者による拡散とネット炎上・マスコミによる批判という経緯が東芝クレーマー事件と逆転した構図で発生したという点で興味深い。この20年間におけるカスハラへの理解促進や，SNSの発展による個人言論の活発化，価値観の多様化も関係しているものと考えられ，その点はカスハラ対策を後押しするものとしてポジティブに捉えられてよい。

他方で，結局のところ「高圧的な対応を行った方に社会的非難が集まる」という見方には変わりはないようにも思われる。仮にキッチンDIVE側が更に感情的な対応を行っていた場合，あるいは，男性客らの要求手段・態様が幾分か静かなものであった場合（淡々と店員に要求を述べ続けるなど）であれば，同店にここまでの支持が集まったのかは疑問が残る。

結論として，キッチンDIVE事件は，企業側が法律上も事実上も，薄氷を踏むような対応を行った事例として捉えるべきであり，カスハラ対応の成功例として捉えることは極めて危険である。企業としては，過剰対応が引き起こすのは東芝クレーマー事件のような結果が多数であるとの認識に立ち，対応を心掛けなければならない。

(注6) なお本件では，キッチンDIVEの店頭や店内に24時間配信を行っている旨の貼り紙があったということであり，その事実が，客による肖像権放棄の合意と見られないこともない。しかし，名誉毀損との関係ではどこまでの意味を有するのか不透明である。

第2編
カスタマーハラスメントの実務対応

第1章 状況別の対応方法

1 電話を受けたときの対応

　企業がクレーム対応を行うとき，一方的にクレームをまくしたてられるな
ど，しつこい電話に辟易する事例が多いと思われる。

　顧客からの電話への対応をどのように行うべきか，ポイントについて解説
する。

(1) 顧客情報（氏名や連絡先）の確認

　　不当クレーマーからの電話の特徴として，名前を名乗らずにいきなり苦
情を言い続けることがある。しかし，企業としては，顧客の名前を把握で
きなければ，事実の確認もできないし，対応記録を残せない。したがって，
まずは顧客の氏名と連絡先を確認する必要がある。

　　逆に不当クレーマーは，従業員の氏名を特定しようとすることがある。
これは，従業員を後に個人攻撃するためである。しかし，顧客対応として
は，原則として，所属している課と名字を名乗れば足りる。フルネームを
知られることで，インターネットやSNSを用いて個人情報が把握されて悪
用されるケースもあるため，フルネームまで伝える必要があるのか，企業
として検討する必要がある。

(2) 【聴取】の重要性

　　相手方のクレームの内容をしっかり確認する（【聴取】）ことは，クレー

ム対応においては極めて重要である。

【聴取】では主に，①事実関係の確認と，②要求内容の確認をすることになる（【聴取】について，詳細は第1編第2章**2**を参照）。

① 事実関係の確認

　　相手方に対して，いつ，どこで，誰が，何を，なぜしたのか，どのようになったのか，5W1Hにより事実を確認することになる。相手方がお客様であっても，遠慮せず，しっかり聞く必要がある。むしろ，不当クレーマーは，会社側が「お客様」に対して遠慮して事実を細かく聞かないという点を利用するのであるから，遠慮していたらクレーマーの思うつぼである。

② 要求内容の確認

　　顧客の要求の内容，要求する理由を聴かないと，企業側が顧客の要求に応じるべきかどうかを判断することが難しいため，要求の内容，理由を具体的に確認することが重要である。

ポイント

　ここで重要なことは，【聴取】の際は，とにかく「聴く」側に徹することである。

　要求内容を十分に聴かずに相手の要求を不当クレームだと決めつけたり，事実関係の裏付けが十分とれていないのに組織としての回答を伝えてはいけない。顧客の主張が事実かどうかは，企業内でしっかり検討すべきである。

(3) 長時間の電話への対応

　　クレームの電話が長時間にわたる場合，大抵顧客は従業員（顧客対応者）の話を聞かずひたすら怒り続けていると考えられる。どれだけ対応しても解決の糸口が見えない場合，時には，顧客との会話をきっぱり中断するのも効果的である。

　　電話でクレームを受けた際，最初は企業内で共有されたマニュアルに従い，対応してかまわない。誠意をもってお詫びし，事実関係を確認した上

で解決策を探る。

しかし、ある程度の時間が経過しても顧客からの要求が止まらず、何かおかしいと感じたら、「いますぐ結論を出せない」、「社内で検討する」などと言い、一旦会話を切ることが重要である。

顧客によっては、理不尽なことを要求してくる場合がある。しかし、無理難題を言われても、不当クレームやカスハラに従う必要はない。何か言われたら、「その要望にはお応えできかねます」と企業としての意思を明確に示してから受話器を置くのが効果的である。

顧客の承諾を得ないまま電話を終えると、かけ直されることもあり得る。しかし、「まだ、話は済んでいない」あるいは「会話の途中で電話を切るな」と顧客から怒鳴られても、断る姿勢を変えないことが重要である。

不当クレーマーと対話する必要はなく、「お客様の要望にはお応えできません」や、「社内で検討させていただきます」と繰り返せば足りる。不当クレーマーは、どれだけ感情が高ぶっていても、こちらが断り続ければ諦める者が少なくない。

(4) 脅迫的な電話への対応

「おれは客だぞ。なめてんのか」、「従業員の名前は把握した。組の者から後で連絡がいくからな」など、不当クレーマーから脅迫的な電話が来た場合、対応方法として、①通話を録音することを事前に伝える、②非通知電話へは拒否機能を使う、③警察に被害申告をすることが考えられる。

ア 通話を録音することを事前に伝える

顧客からの脅迫的な電話を未然に防ぐ最も効果的な対策は、事前に通話を録音することを伝えることである。電話は録音しない限り、メールやファックスのように記録が残らないことをいいことに、気が大きくなって威圧的に話してくる顧客がいる。そこで、通話を録音することを事前に相手に伝えるべきである。そうすることで、不当クレーマーは自分の脅迫的文言が証拠化されることを恐れ、脅迫的な言動を控えるようになる。

　　顧客からの電話による問合せやクレームが日常的に多い企業の場合は，「この通話はサービス向上のために録音させていただきます」などの自動音声があらかじめ設定されていることがある。そのような自動音声があらかじめ設定されていない企業においても，脅迫的な電話が掛かってきた場合の対応としては，通話を録音することを相手方に伝える方法が有効である。

　　例えば，「建設的な話合いのためにも，後で言った言わないといったトラブルを避けるため録音いたします」と言い切ることが重要である。もちろん，それを言ったことで必ず相手が脅迫してこないとは限らないため，証拠を残すためにも録音は必要である（録音についての詳細は第2編第3章を参照）。

イ　非通知電話へは拒否機能を使う

　　非通知での脅迫電話がきている場合は，各電話会社のサービスを用いて非通知拒否設定をすることを検討すべきである。

ウ　警察に被害申告をする

　　警察が被害届を受理し，捜査を開始すれば，非通知や公衆電話からの脅迫電話であっても発信者を突き止めることができる可能性がある。ただし，脅迫電話の①頻度・回数，②証拠の有無，③被害の程度などの事情を総合的に勘案し，相当悪質であると認められなければ，被害届が受理されない可能性も十分考え得る。

　　脅迫電話の証拠として，通話内容の録音だけでなく，着信の頻度が分かるもの，具体的には，着信日時を書き留めておいたメモや電話会社から発行される通話履歴の書面を残しておくべきである。

(5)　無言電話への対応

　　企業への度重なる無言電話は業務を中断させ，従業員の業務妨害となる。そして，発信者や，無言電話をしてくる動機が不明の場合，何か良からぬことをしてくるのではないかと，電話に対応した従業員だけでなく周りの従業員にも心理的な負担を与える。

　無言電話対策として，無言電話の着信拒否が考えられる。しかし，業務の性質上，非通知等からの着信拒否ができない場合もあり得る。そのような場合，無言電話への対応をマニュアル化し，従業員に実施させることも効果的である。

　例えば，
・従業員の応答から5秒もしくは10秒以内に発信者からの発言がない場合「お電話が通じないようですので，切らせていただきます」等と伝えた上で直ちに受話器を置く
・無言電話が繰り返される場合には，「度重なる無言電話につきましては，警察に通報させていただくこともありますのでご了承ください」などと伝えた上で切る
　等の一定のルールを定めることが効果的である。

　無言電話の発信者に対し，警告や民事・刑事上の措置をとるために，無言電話の状況を記録・証拠化しておく必要がある。証拠化するためには，通話記録を録音保存することや，発言があった場合には報告書などの形で発言内容を文章に起こすことなどが考えられる。

(6)　架電禁止の仮処分の申立て

　長時間の電話，脅迫的な電話，無言電話などの迷惑電話に対し，以上述べてきた対応をとったにもかかわらず，高頻度の架電が続き，業務に支障が出る場合には，弁護士に依頼し，警告文などの内容証明郵便の発送を検討する。

　なお，電話番号しかわからず，架電相手の氏名，住所が不明な場合であっても，弁護士に依頼し，弁護士会照会をすることで架電相手の氏名，住所が判明することもある。

　弁護士からの内容証明郵便を送付してもなお，架電が続くような場合には，架電禁止の仮処分の申立てを行うことも検討すべきである。

　仮処分とは，訴訟手続とは異なり，緊急性のある事案について，裁判所が早期に審理を行って発する，暫定的措置を決定する処分である。連日のように不当クレームや嫌がらせが繰り返されている状況下では，訴訟による解決では時間が掛かり過ぎるため，仮処分申立てにより早期の決定を求めることが有効である。

〈例3　仮処分命令申立書（架電禁止）〉

仮処分命令申立書（架電禁止）

令和○年○月○日

東京地方裁判所民事第9部　御中

債権者代理人弁護士　甲野　太郎

当事者の表示　別紙当事者目録記載のとおり
保全すべき権利　人格権（平穏に営業を行う権利）に基づく妨害予防請求権

申立ての趣旨

1　債務者は，債権者に対し，架電してはならない
との決定を求める。

申立ての理由

第1　被保全権利
　1　債権者は，管理組合から委託を受け，分譲マンションの管理を行うことを主たる目的とする株式会社である。
　　債務者は，債権者が管理する分譲マンション「□□タワー」の区分所有者である。
　2　債務者は，令和○年○月○日，「□□タワー」に常駐する管理員である債権者従業員△△に対して，「態度が悪い。俺に文句があるのか。」などと言い，2時間に亘り，債権者従業員を問い詰めた（甲1，2）。
　　債権者従業員△△は上記の債務者の言動を理由として，その翌日に債権者に対し辞表（甲3）を提出し，債権者を辞職した。
　3　債務者は債権者従業員△△が辞職した後も，債権者本店に架電をし，「従業員の教育がなっていない」，「会社を辞めれば済む問題ではない」，

「△△を呼び出し，正式に謝罪させるまでは許さない」などと述べている（甲4，5）。

　これに対し，債権者が債務者の要求には応じることができない旨回答しているにもかかわらず，その後も，債務者は繰り返し，債権者本店に架電を続けている。

　その架電の状況は，「架電記録」（甲6）のとおりであり，令和○年○月○日から同年○月○日まで1か月以上，ほぼ毎日，多い時には1日20回以上も架電が繰り返されている（甲6）。

　その内容も，前述のとおり，「△△を呼び出し，正式に謝罪させるまでは許さない」などの同じ要求の繰り返しであり，債権者としては「従前お答えしたとおり，要求に応じることはできません」との回答を繰り返しているが，納得せず，架電を繰り返している状況である。

4　以上のとおり，債務者は，1か月以上にわたりほぼ毎日，多い時には1日20回以上も債権者に架電し，「△△を呼び出し，正式に謝罪させるまでは許さない」などの同じ要求を繰り返し行い，現に債権者の営業が妨害されている。

　よって，債権者は債務者に対し，人格権（平穏に営業を行う権利）に基づく妨害予防請求権に基づき，債務者の営業を妨害させないため，申立ての趣旨記載の決定を求めることができる。

第2　保全の必要性

1　前述のとおり，債務者は同じ要求を繰り返しており，債権者としては「従前お答えしたとおり，要求に応じることはできません」との回答を繰り返しているが，納得せず，架電を繰り返している状況である。したがって，今後も債務者から債権者に対する架電が繰り返される可能性が極めて高い。

2　債権者従業員は，ほぼ毎日多い時には1日20回以上も債権者の架電に対応せざるを得ず，債権者の業務に支障が出ている状況である。また，実際に債権者従業員△△が辞職したことからもわかるとおり，債務者に対応することによる精神的ストレスは極めて大きく（甲7），更なる辞職者が出る可能性さえある。

3　債権者は，債務者に対し，侵害行為の差し止め及び損害賠償請求訴訟を提起すべく準備中であるが，本案判決を得るまで債務者の上記行為が

　継続してしまうと，本案判決確定までに回復できない損害が生じるので，本申立てをする次第である。

疎　明　方　法

1	甲1号証	防犯カメラの映像
2	甲2号証	反訳文
3	甲3号証	辞表
4	甲4号証	録音データ
5	甲5号証	反訳文
6	甲6号証	架電記録
7	甲7号証	陳述書

添　付　書　類

1	証拠資料写し	各1通
2	商業登記事項証明書	1通

❷　メールへの対応

　顧客に対応した従業員の名刺にメールアドレスを記載している場合には，顧客から連日のように電子メールが送られることもあり得る。その際にどのように対応すべきかを解説する。

(1)　メールの特殊性（長文，多数のメール等）

　今や企業では電子メールが電話やファックスと同等かそれ以上に高い頻度で使われるようになっており，電子メール対応にストレスや支障が生じると，業務の遂行に大きな混乱が生じる。

　顧客が長文のメールを大量に送信し，その対応に困っている従業員は非常に多い。顧客が自分の要求を通すために，結果として長文，多数のメールを送信することもあるが，特に厄介な問題は，カスハラ顧客が従業員を困らせるために，意図的に長文，多数のメールを深夜休日問わず送り付けてくることである。

　そのようなカスハラ顧客による意図的な大量メールの送信の中でも，特に悪質なものとして，「メール爆弾」というものがある。メール爆弾とは，特定のアドレスに対して大量のメールを送り付けるもので，簡単に言うと，いたずら電話の電子メール版である。電話と異なるのは，費用を掛けずに大量のメールを送信すること，メール爆弾専用のプログラムを利用すれば，たとえ１日に何万通のメールを出しても手間が掛からないことである。企業としては，メールを受信してみないと通常のメールか，メール爆弾かの判断ができないのがメール爆弾の厄介なところである。メール爆弾による被害を防ぐためには，まず企業内の個人メールアドレスを顧客に簡単に教えないことが重要である。仮にメールアドレスが第三者に渡り，メール爆弾が送り付けられた場合，被害が頻繁に起こるようであれば，メールアドレスを変更する等の対策をとるしかない。

(2)　ウイルスの危険性

　電子メールには，ウイルスが添付されている可能性があるため注意する必要がある。ウイルスには，添付ファイルを開くと感染するもの，本文に記載されたURLをクリックしてアクセスすると感染するものなどがある。

　メール本文の内容などから，顧客がわざとメールにウイルスを添付して嫌がらせしていると判断できる場合は，警告メールを送信することも対策として考えられる。

(3)　顧客からメールがあった場合

　顧客からのクレームがメールによってされた場合，メールだと時間帯に関係なくすぐに返信できることから安易に返信してしまいがちである。しかし一方で，メールの特徴である，拡散が容易であること，連絡が頻繁になりがちであること等にも留意する必要がある。したがって，不当クレーマーに対してはできるだけメールによる対応を避けるべきである。

　それでもメール対応をせざるを得ない場合，文面には細心の注意を払うべきである。なぜなら，メールは送信されれば物的証拠として確実に残る

ものであり，万が一クレームが発展して裁判を起こされたときに，その内容によっては不利になるケースがあるからである。また，メールは簡単に他者に転送することができるため，万が一メールが不特定多数の者に拡散されたとしても，問題がないような文面にする必要がある。

　顧客にメールを送る際，CCに他の企業内の関係者を入れるべきではない。なぜなら，顧客に他の企業内関係者のメールアドレスが知れてしまうと，その関係者にもメールを送られ，被害が拡大してしまう可能性があるからである。

　情報共有をする場合は，顧客からのメールを転送するか，BCCを利用すべきである。

⑷　メールが止まらない場合

　企業側の中止要求にもかかわらず，大量のメール送信を続ける場合や，メール本文の内容などから顧客が嫌がらせのためにわざとメールにウイルスを添付して送信してきた場合などは，メール禁止の仮処分命令を裁判所から発令してもらう方法がある（仮処分命令の申立て方法については，本章**1**⑹，**3**⑷参照）。

　しかし，仮処分命令を得ても，顧客がそれに従わずにメールを送信し続けるケースもあり得る。このような場合には，金員を支払わせる間接強制を行うことも有効である。

　間接強制とは，裁判所から「違反した場合には1回につき○万円支払え」という命令が出されることで，相手方に心理的な強制を加え，仮処分命令の内容を実現させる方法である（民執172条）。間接強制金（「○万円支払え」）の額は，相手の行為によって受けた企業の損害額，仮処分命令により禁止する行為の性質，相手方の資力などを総合的に考慮し，裁判所が相当と認める額を決定で定める。

❸ 窓口などでの面談対応

　顧客が店舗を訪問してクレームを言い続けるなど，面談にてクレーム対応
をする際の留意点，長時間居座る場合や何度も訪問してくる場合はどのよう
に対応すべきかを解説する。

(1) 突然の訪問があった場合の対応

　　クレームのために店舗を訪問してきたという場合について，そのクレー
　ムでの訪問が初めてか2回目以降の訪問かで対応は変わる。すなわち，初
　めて店舗を訪問してきた場合であれば，多少時間が掛かっても，クレーム
　に至った事実経過を聴き取る必要がある。
　　2回目以降の訪問が初回と同じ内容のクレームを理由としたものである
　場合には，初回と同様の対応をする必要はない。なぜなら，企業として既
　にクレームの事実関係を把握しているからである。顧客に対して，初回の
　訪問で聴き取った事実関係に基づいた調査を行っていることを告げ，当方
　より回答する旨を改めて明確に告げた上で，それ以上の対応はしない，と
　いう対応を徹底すべきである。

(2) 怒鳴り始めた場合の対応

　　顧客が，窓口で突如として大声で怒鳴り始めた場合には，まずは大声を
　出さないように注意すべきである。不当クレーマーは，他の顧客の注目を
　集めることで従業員を焦らせ，自己に有利に交渉を進めようとすることが
　ある。注意しても怒鳴り続ける場合には，別室に移動させるべきである。
　　この点，クレーム対応の特に多い企業の中には，録音・録画設備が備え
　られたクレーム対応用の部屋を用意しているところもある。このような部
　屋がない場合でも，個室で対応する場合には，密室での暴言・暴力に対抗
　するために録音の準備をしておくべきである（第2編第3章参照）。
　　次に，何名で対応するのかという「人数」の問題がある。クレーム対応
　は，複数人での対応が原則となる。顧客側の人数が多い場合，顧客側はど
　んどん強気になるが，顧客側より企業側の人数が多い場合，心理的に相手

方より優位に立つことができる。

　また，従業員が1人で顧客対応をすると，激怒する顧客の怒りを鎮めることや対話をすることに集中する必要があり，肝心な対話内容を後になって正確に記憶・記録していないという問題が生じ得る。この点，2人で対応する場合，1人はクレーマーとの対話役，もう1人は冷静に話を聞くことができるため，話が間違った方向に進むことを防ぐことができる（複数人対応の原則については，第1編第3章**4**も参照）。

(3)　長時間居座る場合の対応

　顧客が長時間居座りなかなか帰ってくれない場合，重要なことは，企業側が時間決定に関して主導権を握るという意識である。そのため，顧客が長時間居座ったら「社内ルールとしてお1人様との面談時間は1時間までとなっております」と明確に伝え，早急に退去してもらうべきである。

　それでも居座る場合には，「現時点での問題解決が困難であるため，一度お引き取りを願いたい」という意思を明確に顧客に伝え，時間の間隔を空けて再三，複数回にわたって警告する必要がある。その際は，その状況をきちんと証拠として残すべきである。繰り返し退去を求めたにもかかわらず居座る場合には，警察を呼んでも問題ない。

　実際に，ラーメン店において，餃子を先に提供するように注文したが，ラーメンが先に出てきたため激怒し，再三退店を求められたにもかかわらず約3時間居座り続けた男性が，不退去容疑で現行犯逮捕されている（「ラーメンよりギョーザが先だろ！　注文の順と違い激怒……もめて3時間居座った32歳男逮捕」産経新聞（2015年11月9日，https://www.sankei.com/article/20151109-XKGMTBPB5JPXXKR65PBJJUPSYI/））

　企業や店舗など，私有地に強行的に居座り続ける行為には，刑法130条「不退去罪」が成立し得る。

　繰り返し退去を求めたにもかかわらず居座る場合には，警察を呼ぶことも

考えられるが，警察への連絡をする前に，まずそのようなカスハラを行う顧客に対して「今から警察へ相談をするためその場でお待ちください」と通告すべきである。通告によって退去するのであれば，それも有効な解決方法であるといえる。

(4) 訪問禁止の仮処分の申立て

　以上の対応をとったにもかかわらず，店舗への訪問を止めず，企業に対し同様のクレームを言い続ける場合，速やかに弁護士に相談し，不当クレーマーへの対応を検討することになる。

ア　弁護士から警告文の発送

　まず，依頼した弁護士より，不当クレーマーに対し，「クレームの内容は理由がないので，今後企業や店舗に対して，手段を問わず接触しないことを求める」という内容の警告文を発送することが考えられる。

　弁護士名義の警告文を送れば，多くの不当クレーマーに対し一定の抑止効果が期待できる。

イ　店舗の訪問禁止等の仮処分の申立て

　弁護士名義の警告文を送ってもなお不当クレーマーによる訪問が続く場合には，裁判所に，店舗訪問禁止の仮処分の申立てを行うことも検討すべきである。

〈例4　仮処分命令申立書（店舗訪問禁止）〉

仮処分命令申立書（店舗訪問禁止）

令和○年○月○日

債権者代理人弁護士　　甲野　太郎

当事者の表示　　　別紙当事者目録記載のとおり

保全すべき権利　　人格権（平穏に営業を行う権利）に基づく妨害予防請求権

申立ての趣旨

1　債務者は，債権者が経営する「□店」（東京都○区○町○丁目○番○号）に立ち入ってはならない

との決定を求める。

申立ての理由

第1　被保全権利

　1　債権者は，飲食酒類の提供を主たる目的とする株式会社であり，東京都○区○町○丁目○番○号において「□店」を営んでいる。

　2　債務者は，令和○年○月○日に「□店」を訪問した際，「先にビールを持って来いと言ったよな」等と□店の従業員に対して食事の提供の順番について不平不満を言い始めた。その後債権者が再三退店を求めたにもかかわらず，入店から約3時間居座り続けた（甲1，2）。

　　その後，同店従業員らが警察を呼び，警察の介入により債務者は退店したが，債務者が騒ぎ始めた時点以後は，他の顧客が飲食をすることも困難な状況になってしまったため，結局その日は店の営業を中止することとなった（甲1，2）。

　3　同日以後も，債務者は□店を訪れ，「この前ミスしたんだからタダで食わせろ」などと大声で叫ぶ行為を複数回行っている。その具体的な日時や言動等は別紙「来店状況報告書」（甲3）のとおりである。いずれも店長が対応し，警察沙汰にはならずに済んでいるが，従業員の不安は日に日に募るばかりである。また，債務者の行為を見た他の顧客からは「食事に集中できない」「不快である」旨の苦情が多数寄せられ（甲4），実際に債務者が□店を訪れるようになって以後，□店の売上げが減少している（甲5）。

　4　以上の通り，債務者は複数回にわたり，債権者の□店において，長時間居座り続ける，大声で叫ぶなどの行為を行い，現に債権者の営業が妨害されている。

　　よって，債権者は債務者に対し，人格権（平穏に営業を行う権利）に基づく妨害予防請求権に基づき，債権者の営業を妨害させないため，申立ての趣旨記載の決定を求めることができる。

第2　保全の必要性

　1　債務者は，最後に訪れた令和○年○月○日の□店退去時にも，「次も同じことしてやるからな。覚悟しろよ」と脅迫的な発言をしている。債務者を対応した複数の従業員は，次も債務者が□店に入店した場合，店に居座り続けようとするのではないか，大声で叫ぶのではないか，と不安を覚え，営業に支障が生じている（甲4）。

　2　債権者は，債務者に対し，侵害行為の差止め及び損害賠償請求訴訟を提起すべく準備中であるが，本案判決を得るまで債務者の上記行為が継続してしまうと，本案判決確定までに回復できない損害が生じるので，本申立てをする次第である。

疎　明　方　法

1	甲1号証	防犯カメラの映像
2	甲2号証	反訳文
3	甲3号証	来店状況報告書
4	甲4号証1ないし5	陳述書
5	甲5号証	売上管理表

添　付　書　類

1	証拠資料写し	各1通
2	商業登記事項証明書	1通

(5)　被害届，刑事告訴の検討

　不当クレーマーに面談で対応している際に，暴行罪，脅迫罪，強要罪，恐喝罪，器物損壊罪，名誉毀損罪，威力業務妨害罪，不退去罪などの犯罪行為に該当し得る行為がなされた場合には，被害届の提出や刑事告訴も検討すべきである。

　その際には，証拠の有無が重要となるため，不当クレーマーとの面談の際には，録音・録画することを検討すべきである（第2編第3章■参照）。

４ 訪問先での面談対応

　クレーム対応において，企業側が顧客の自宅を直接訪問し，真摯に謝罪することによって，顧客の怒りを軽減することもある。また，直接会うことで怒りや問題点を正確に把握できる等のメリットも考えられる。

　しかし，顧客から「今すぐ自宅に謝罪に来てほしい」と言われたとしても，以下で説明するとおり，訪問した場合には数々のリスクが存在する。よって，顧客から要求されたとしても，直ちに自宅を訪問するのは避け，まずは訪問するかどうかを慎重に検討すべきである。

　顧客の自宅を訪問するかどうかは，クレームの電話の内容から判断することになる。電話では，いつ，だれが，どこで，何を，なぜ，どのように等，５Ｗ１Ｈを基に慎重に事情を聴取する。併せてクレームの内容に裏付け資料があるかどうかも確認する。

　これらの聴取した事情を基に訪問するかどうかを判断し，クレーム内容が正当なものであり，かつ，顧客の態度や口調等から訪問した場合に危険が生じるおそれがないと判断された場合に，初めて訪問するという判断をすれば足りる。

(1)　場所の問題

　顧客の自宅にて面談するとなると，不測の事態が起きる可能性があるため，原則としては避けるのが望ましい。例えば，顧客の自宅で面談をすると，顧客とは別の第三者が介入してくるおそれがある。中には，暴力団関係者が顧客の代理人として介入し，暴力的な手段を用いられて，不当な要求をのまされるリスクもある。

　また，顧客の話が終わらない，謝罪を続けても納得してもらえず訪問先に監禁される，などのリスクもある。

　そこで，一番重要なことは，自分（自社）が場所の決定に関して主導権を握るという意識である。顧客がいくら「今すぐ自宅に謝罪に来い」と言ってきても，場所をどこにするかは飽くまで企業が決めることであって，顧客に決定権はない。そのため，企業としては，いくら自宅訪問を求めら

れたとしても,「場所は弊社にて検討させていただきます」ときっぱり断るべきである。

　自社で話を聞くことができない事情があり,やむを得ず顧客側を訪問せざるを得ない場合であっても,できる限り,第三者のいる,例えばファミレス,喫茶店,ホテルのロビーなどの場所を選択すべきである。

(2)　時間の問題

　顧客対応の時間について,対応する時間をあらかじめ定め,相手方に伝えるということも有効な対応の一つである。例えば,次の予定がある等として,終了時刻を告げることが考えられる。

　事案に応じて一般的な対応時間,例えば30分から長くても1時間程度を超えるものについては,「大変申し訳ありませんが,お客様1人に対して長時間の対応を続けることは弊社では難しく,他の予定にも対応する必要がございます」とし,予定終了時刻を超える対応は難しい旨を明確に伝えておくのがよい。

　不当クレーマーから「後ろに予定を入れるな」等と再びクレームを言われる可能性もあるが,このようなクレームに拘束される筋合いはないため,予定終了時刻を超える対応ができないことをきっぱり伝えれば足りる。

(3)　人数の問題

　訪問の際には,1名で訪問するのはできる限り避け,複数人体制をとるべきである。なぜなら,こちら側の人数が多ければ,心理的にも優位に立つことができるからである。

　また,1対1の関係では,顧客は「自分の言うことが絶対に正しい」と思い込んでしまい,顧客の要求を受け入れない限り話が平行し進まなくなる。一方,企業側にもう1人いれば,もう1人は冷静に話を聞くことができるため,話の流れがおかしな方向に行った際には元の話に戻すなど,ストッパーとしての役割をし,スムーズに交渉を進めることができる。

(4)　相手方支配領域特有の問題

　顧客の自宅への訪問のように，相手方の支配領域へ訪問する際には，以下のようなリスクが想定されるため，それぞれ対策を検討しておきたい。

ア　訪問先に監禁されるリスク

　複数人で訪問することで，監禁されるリスクは軽減できる。もっとも，それでも監禁されるリスクが0パーセントとは言い切れない。

　顧客の話が終わらない，謝罪を続けてもどうしても納得してもらえない場合のように，一般的な対応時間を超えているにもかかわらず解放してもらえない場合は，顧客を気にすることなく退席するという対応をとるべきである。

　退席の意思を明確に示しているにもかかわらず，どうしても顧客が帰らせようとしない場合，顧客の行為は監禁罪（刑220条）に該当する可能性がある。そのため，顧客の自宅から退席ができないような状況が長引く場合には，警察への通報も視野に入れる必要がある。

　ただ，現実的には，拘束されている場面で通報することは難しい面もある。その場で通報してしまうと，顧客が激高し，更なるトラブルに発展する場合も考えられる。

　そこで，例えば，訪問してから一定時間を経過ごとに，企業から訪問担当者の携帯電話へ連絡して，安全を確認し，場合によっては警察へ通報することも考えられる。

イ　脅迫的な言動を受けるリスク

　顧客の自宅のような相手方支配領域であると，周りの目がないことから顧客の気が大きくなり，「今すぐ要求に応じなかったらどうなるか分かってるよな？」等と脅迫的に要求を伝えられるおそれがある。そして，従業員が何とかその場を脱するために顧客の要求を受け入れてしまうと，後日，自宅訪問時と異なる回答をした場合，話が違うと言い掛かりをつけられてしまう。

　このような言い掛かりをつけられることを避けるためにも，訪問先では安易に判断すべきではない。顧客には「会社に持ち帰って，社内で検

討いたします」と回答し，明言を避けるべきである。

　なお，脅迫的な言動を受けないために，あらかじめ録音することを伝えるという予防策も考えられる（第2編第3章参照）。

ウ　顧客の私物を壊したと言い掛かりをつけられるリスク

　例えば，自宅訪問中に顧客から座布団に座ることを勧められることもある。しかし，自宅訪問中は座布団に座ることでさえ気を配る必要がある。なぜなら，座布団の下に壊れたメガネなどをわざと置いて，あたかも従業員が壊したかのように仕立て上げ，言い掛かりをつけられるおそれもあるからである。

　また，顧客が高齢者で認知症を発症しているような場合等では，調度品を何も盗んでいない，壊していないとしても，訪問してきた従業員に盗まれた，壊されたと主張されるおそれがある。

　これらのような言い掛かりに対処するためにも，上述したように，できる限り複数人で対応をすべきである。

第2編　カスタマーハラスメントの実務対応

第2章　よくある要求への対応

⬚1 謝罪を要求された場合の対応

👉ポイント

・【判定】前は，事実又は要求を認める趣旨を含む謝罪は避け「不快な気持ちにさせたこと」等の感情面に対する謝罪に留める。
・【判定】後の【回答】の段階においては，法的責任の範囲で謝罪を行うことも検討する。

(1)　謝罪を要求された場合の一般的対応手順

　顧客から謝罪を求められた場合であっても，一般的なクレーム対応である下記手順に従うべきである（第1編第2章参照）。

---

① 【聴取】　顧客の主張及び要求内容のヒアリングを行う。
② 【調査】　聴取を踏まえ，客観的事実関係等の確認を行う。
③ 【判定】　調査を踏まえ，要求内容の正当性について判定を行う。
④ 【回答】　判定を踏まえ，回答を行う。

　そして，基本的には，【判定】において法的責任があると認められ，かつ，謝罪をすることがプラスに働く場合に初めて謝罪を行うべきである。

　しかしながら，いかなる場面でも【判定】を待ってしか謝罪しないとすれば，かえって顧客の感情を硬直化させ，紛争が拡大・長期化してしまう可能性がある。そのため，クレーム対応の初期段階から，適宜，顧客の感情に寄り添うための謝罪を行うことは検討すべきである。

　その一方で，安易に謝罪を行えば，当該謝罪を公開され不当クレーム被害が拡大する場合がある。また，謝罪の内容・態様によって当該謝罪の録音・書面等が後の訴訟等において企業側の責任を認める根拠資料とされるなど不利な証拠として用いられる可能性もある。

　そこで，謝罪を行う際には，道義的責任を認める謝罪（以下「道義的謝罪」

という。），法的責任を認める謝罪（以下「法的謝罪」という。）の２つを区別して，【判定】前に法的謝罪を行わないことが重要になる。

(2)　道義的謝罪

ア　道義的謝罪とは

道義的謝罪とは，一般的に顧客の主張する事実又は要求を認める内容を含めずに，顧客の感情に寄り添うために道義的な限度で行う法的責任を承認又は発生させない謝罪をいう。

良い例	・ご不快なお気持ちにさせてしまい申し訳ありません。 ・ご不便をおかけしてしまいお詫び申し上げます。

⇒顧客の主張する事実は認めず，感情の限度でのみ謝罪している。

悪い例	・申し訳ありません，返品交換させていただきます。

⇒要求に応じる法的責任を認めてしまっている。

悪い例	・商品の管理を怠り，恐れ入ります。

⇒事実を認めてしまっている。

イ　道義的謝罪を行う場面

クレームが発生した際の，企業側の責任の程度について大別すると以下の３つのパターンが考えられる。

①　落ち度がない場合

②　法的な過失・義務違反には至らない何らかの落ち度がある場合

③　法的な過失・義務違反がある場合

この点，道義的謝罪は上記②・③の場合にはもちろん有効である。また，厳密には道義的な責任すら存在しない①の場合においても，顧客の感情を鎮めるものとしてクレーム対応上有効である。そのため，クレー

ムの初期段階から，道義的謝罪を行うことで早期解決に資することがある。

ウ　道義的謝罪は不利な証拠として用いられないか

　道義的謝罪のみをもって法的責任が肯定されることはまずない。なぜならば，法的責任がない場合であっても円滑な顧客対応や道義的な慣行として謝意を表明することは一般的な経験則として認められるからである。

　しかしながら，一般的に口頭による謝罪と比較して，書面による謝罪は重い責任を認めた場合に行われることが一般的であるから，文言が道義的表現である否かにかかわらず，書面による謝罪を行う場合は慎重になるべきである（❷参照）。

エ　道義的謝罪の拡散リスクはあるか

　道義的謝罪であっても，インターネット等により意図しない形で情報が拡散することはあり得る。

　したがって，道義的謝罪であっても，その内容・態様に関しては十分に注意し，一部の切り取り等によって意図しない形で情報が拡散をしないよう謝罪をした場合はその内容等を企業側でもきちんと保管・共有しておくことが必要である。

(3)　法的謝罪

ア　法的謝罪とは

　法的謝罪とは，一般的に顧客の主張する事実又は要求を認める内容を含み，法的責任を承認又は発生させ得る謝罪をいう。

イ　法的謝罪を行う場面

　【聴取】，【調査】，【判定】を行い，前記のクレームが発生した場合における企業側の責任の３パターンのうち，「③企業側に法的な過失・義務違反がある場合」かつ謝罪をすることが企業側にとって有利に働く場合に限り，【回答】の段階で法的謝罪を行うべきである（例えば「謝罪をしないこと」が慰謝料の増額事由になり得る場合など）。

　また，この場合であっても，曖昧・包括的な内容によって事実や法的責任を認める範囲が不明瞭に拡大しないよう注意すべきである。

ウ　法的謝罪は不利な証拠として用いられないか

　法的謝罪は，訴訟においては法的責任の認定において重く評価され，法的責任の認定においては企業側に不利な証拠となる可能性が高い。なお，法的謝罪の内容として，法的責任の承認・発生（意思表示を含む処分行為・処分証書）を含むのか，責任を基礎づける事実を認める（報告証書）の内容を含むのか，それとも間接的周辺的な事実を認める内容に過ぎないのかの分析も必要であろう。

　一方，慰謝料算定に際しては，謝罪の事実が有利な証拠となる余地もある（謝罪の事実を認定し慰謝料増額が排斥された例として東京高判平19・9・20判タ1271号175頁）。

(4)　道義的謝罪と法的謝罪の分別

　前記のとおり，道義的謝罪と法的謝罪の分別は，法的責任を承認又は発生させるか否かにある。しかしながら，かかる分別は，結局のところ，当該謝罪の裁判等の場における証拠評価に拠る。

　そのため，道義的謝罪と法的謝罪の分別は，謝罪の内容それ自体のみならず，謝罪の形式・態様（口頭・書面，書面の体裁等），謝罪がなされた時期・場面，謝罪行為者，謝罪の手続過程，謝罪対象者との力関係等により変動するので注意が必要である（役員による謝罪を認定しつつ，責任を包括的に認める内容に過ぎないとして当該謝罪それ自体からは義務違反を認定しなかった例として，東京高判平25・9・26金判1428号16頁）。

〈図表7　道義的謝罪と法的謝罪のフローチャート〉

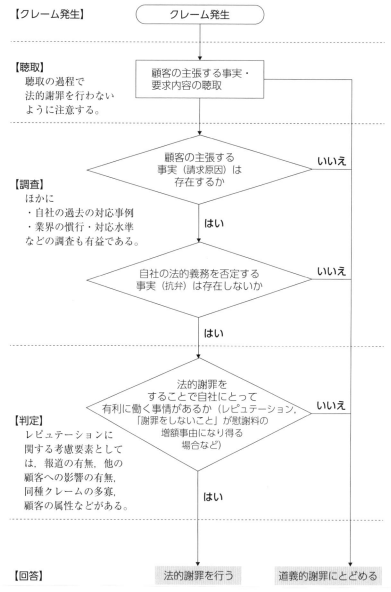

【クレーム発生】　クレーム発生

【聴取】
　聴取の過程で
　法的謝罪を行わない
　ように注意する。

顧客の主張する事実・
要求内容の聴取

【調査】
　ほかに
　・自社の過去の対応事例
　・業界の慣行・対応水準
　などの調査も有益である。

顧客の主張する
事実（請求原因）は
存在するか　　　いいえ

はい

自社の法的義務を否定する
事実（抗弁）は存在しないか　　いいえ

はい

【判定】
　レピュテーションに
　関する考慮要素として
　は，報道の有無，他の
　顧客への影響の有無，
　同種クレームの多寡，
　顧客の属性などがある。

法的謝罪を
することで自社にとって
有利に働く事情があるか（レピュテーション，
「謝罪をしないこと」が慰謝料の
増額事由になり得る
場合など）　　　いいえ

はい

【回答】　法的謝罪を行う　　　道義的謝罪にとどめる

② 念書等を要求された場合の対応

　不当クレーマーの中には，口頭の謝罪だけではなく，謝罪文や念書などの書面を要求してくる者もいる。その際にどのように対応すべきか解説する。

　ここで問題となっているのは，「企業側に落ち度があるか不明な場合」や「企業側に落ち度がない場合」に念書や謝罪文を出してよいかという問題である。

　事実関係を確認した上で責任の判定をして【回答】（組織としての回答）をする場面（第１編第２章**5**）の問題とは異なる。同場面では，積極的に書面として回答することも検討すべきであるので，混同しないように注意が必要である。

第２編　カスタマーハラスメントの実務対応

(1) 書面による謝罪を要求してくる理由

　感情面だけを考えれば，書面の謝罪よりも口頭の謝罪の方が謝罪される側の納得感は強い。実際に，裁判や交渉において，「単に和解条項に謝罪条項を入れるのではなく，面と向かって謝ってほしい」という者が多くいることからも，そのことは明らかであろう。

　それでは，なぜ，不当クレーマーは口頭の謝罪ではなく，書面による謝罪を要求するのであろうか。

　その理由としては，①企業側が非を認めたことを証拠として残すため，②その書面を自分だけではなく誰かに見せるためなどが考えられる。

(2) 書面による謝罪をするリスク

　前述の顧客が書面の謝罪を要求する理由の裏表となるが，書面による謝罪をするリスクとしては，①裁判において証拠となるリスク，②インターネットなどで公開されるリスクがある。以下，それぞれ詳述する。

　ア　裁判において証拠となるリスク

　　最も懸念しなければならないリスクは，後に裁判になった場合に企業側に不利な証拠として提出されるリスクである。

　第2編第2章**1**において詳述した法的責任と道義的責任の区別を意識して，法的責任を認めない記載とすることはもちろん重要であるが，企業側が謝罪文などを渡したこと自体が，裁判において不利となるリスクがある。

≫≫ポイント

Q　　口頭での謝罪であっても録音されて，録音データを証拠として提出されるおそれがある。したがって，口頭で謝罪するリスクと書面で謝罪するリスクは変わらないのではないか。

A　　「口頭による謝罪の録音データ」と「書面による謝罪文」では，同じ内容であっても証拠価値が異なる。

　その理由としては，①口頭での謝罪と書面での謝罪では，行為としてのハードルが違うため，「書面を作成するという行為をしたこと自体」が，一定の非を企業側が認めたことを推認させ得ることが挙げられる。さらに，②口頭での謝罪の場合は，前後のやり取りなどを基に，「話の流れで謝罪したにすぎない」などの反論ができる余地があるが，書面による謝罪には反論の余地がないことも，理由の一つである。

イ　インターネットなどで公開されるリスク

　近時特に気を付けなければならないのが，謝罪文などをインターネットなどで公開されるリスクである。インターネットがこれほど普及する以前は，不当クレーマーが世論を背景に企業側を脅す方法としては「謝罪文をマスコミに公表するぞ」などのやり口しか存在しなかった。しかしながら，よほど企業側に落ち度のある重大事案を除き，不当クレーマーの上記主張をとり合うマスコミはほとんどいないため，企業側としても上記主張をそれほど恐れる必要はなかった。

　ところが，インターネットやスマートフォンの普及によって，不当クレーマーはいつでもどこでも，瞬時に全世界に謝罪文を公表できるようになってしまった。特に昨今はSNSの普及により，一個人が上場企業よ

りも情報発信力を有することさえもある。

　さらに，気を付けなければならないのは，SNSなどにおいては，一部の断片的な情報のみが発信されてしまうことである。不当クレーマーが，謝罪文とともに企業側の落ち度を主張すれば，それを見聞きした者は，企業側に一方的に問題があると判断するおそれがある。そして，そのように判断した者がさらにその情報を拡散させた場合には，企業の「ネット炎上」につながってしまう（第4章❸参照）。

　以上から，企業が謝罪文などを渡す際には，インターネットなどで公開されるリスクも十分留意しなければならない。

⑶　書面による謝罪を要求された場合の対処法

　これまで述べてきたとおり，書面での謝罪をすることは非常にリスクが高い。また，顧客の目的が，感情面の充足であれば，口頭での謝罪をすれば足りる。したがって，顧客から書面での謝罪を要求された場合，企業側としては，原則として，断るべきである。

　とはいっても，執拗に書面による謝罪を要求され，無下に断ることができないケースも現実的にはあり得る。

⑷　書面による謝罪をする際の注意点

　そこで，書面による謝罪をする場合に注意すべき点を解説する。ポイントを簡潔に言うと，①法的責任と道義的責任の区別を意識した記載にする，②謝罪する場合には何に対する謝罪であるかを明確にする，ということである（この点については，❶を参照）。具体的に，法的責任を認めてしまっている謝罪文と道義的責任を認めているにすぎない謝罪文をそれぞれ例示すると以下のとおりである。

〈例5　謝罪文（法的責任を認めてしまっている例）〉

謝　罪　文

甲野　太郎　様

令和○年○月○日
○○株式会社
乙　野　次　郎

拝啓　時下ますますご清祥のこととお喜び申し上げます。平素は格別のご愛顧を賜り，厚く御礼申し上げます。

> ①　製品に欠陥があること
> ②　損害が発生していること
> ③　製品の欠陥と損害との因果関係
> を認めてしまっている

この度は当社製品の欠陥により，甲野様にお怪我をさせてしまったこと，そのために甲野様がお仕事を休業せざるを得なくなってしまったことにつきまして，心よりお詫び申し上げます。
甲野様にこのようなご迷惑をお掛けしてしまったことにつきましては，全て当社の不徳の致すところであると認識しております。
当社としましても，今後できる限りの対応をさせていただく所存でございます。
どうかご容赦ください。

敬具

〈例6　謝罪文（「調査中」とし，道義的責任を認めているにすぎない例)〉

謝　罪　文

甲野　太郎　様

令和○年○月○日
○○株式会社
乙　野　次　郎

拝啓　時下ますますご清祥のこととお喜び申し上げます。平素は格別のご愛
顧を賜り，厚く御礼申し上げます。

この度，甲野様から当社製品の使用に伴いお怪我をされた旨のお申し出をい
ただきました。
当社としましては，現在，当社製品に欠陥があったのか否かを含めて，慎重
に調査を進めておりますので，ご返答まで今しばらくお待ち下さい。
調査にお時間を頂いていることにつきましては，心よりお詫び申し上げます。
どうかご容赦ください。

敬具

〈例7　謝罪文（道義的責任を認めているにすぎない例)〉

謝　罪　文

甲野　太郎　様

令和○年○月○日
○○株式会社
乙　野　次　郎

拝啓　時下ますますご清祥のこととお喜び申し上げます。平素は格別のご愛
顧を賜り，厚く御礼申し上げます。

> この度，甲野様から当社製品の使用に伴いお怪我をされた旨のお申し出をいただきました。
>
> その際の当社従業員の対応に，甲野様のご気分を害するような言動がございましたことにつきましては，心よりお詫び申し上げます。
>
> 当社としましても，より一層の社員教育，サービス向上に努める所存でございます。
>
> どうかご容赦ください。
>
> 敬具

> ここまで書面による謝罪をする場合を念頭に解説してきたが，メールやLINEなども，裁判において証拠となるリスク，インターネットなどで公開されるリスクは，書面の場合と共通する。また，法的責任と道義的責任を区別することやその他の記載における留意点も書面の場合と共通する。むしろメールやLINEでの顧客への連絡は書面よりも頻繁に扱うからこそ，従業員任せにするのではなく，企業としてその対応方法を徹底する必要がある。

③　「誠意を見せろ」と言われたときの対応

　顧客の中には，「誠意を見せろ」と言うばかりで，従業員が「『誠意』とは何でしょうか」と尋ねた場合にも，「自分の頭で考えろ」などと，具体的に要求を明示しない者もいる。その際にどのように対応すべきか解説する。

> ここで問題とするのは，企業側に落ち度がない，または，落ち度が不明（調査中）の場合，落ち度はあるがそれに適切に対応した場合に，「誠意を見せろ」と要求する者への対応である。
>
> 　「誠意を見せろ」と言われた際のポイントは，以下である。
> ①　まずは，発言者が要求している「誠意」の中身を確認すること
> ②　「誠意」の中身の確認の可否にかかわらず，事実関係を確認した上で責任の判定をして回答（会社としての回答）をする場面までは，対応者が独

断で「誠意を示す」対応をしないこと

③　上記「会社としての回答」が決まった場合には，企業側の「誠意ある対応」としてその回答（対応）を行い，それ以外の要求は拒絶すること

⑴　「誠意を見せろ」と要求することの意味

　「誠意を見せろ」という要求は曖昧なものであり，発言者によって，「誠意」として要求するものは異なる。企業側が余りに不誠実な態度であったために感情的に「誠意をもって謝罪せよ」と要求している場合もある。

　ただし，実際には，不当クレーマーは「誠意を見せろ」という言葉を，往々にして，「金品や過剰なサービス，土下座」などを要求する言葉として使用している。

　それでは，なぜ，不当クレーマーは，「金品や過剰なサービス，土下座」をストレートに要求しないのであろうか。

　その理由は，「金品や過剰なサービス，土下座」などの要求を直接的に言葉に表してしまうと，強要罪（刑223条）や恐喝罪（刑249条）などが成立し得るからである。そのようなリスクを回避しつつ，企業側に「金品や過剰なサービス，土下座」など不当クレーマー自身の要求に対応させるために，「誠意を見せろ」という言葉を使用しているのである。

⑵　「誠意を見せろ」という要求への対応方法

　前述のとおり，「誠意を見せろ」という要求は曖昧なものである。従業員が，「誠意を見せる」よう努力をしても，顧客の要求を満たせないと，「誠意が足りない」，「誠意がない」との論争へと巻き込まれる。

　その論争の中，何とか，「誠意を見せる」ようにしようとすると，企業側に落ち度がない，または落ち度が不明（調査中）の中で，法的責任を認めさせられることにもつながりかねない。

　また，「誠意を見せろ」という言葉が繰り返し使われることにより，従業員が「金品や過剰サービス，土下座等（以下「金品等」という。）を交付すれば終わる」と安易に考え，金品等を交付（又は交付約束）してしまうこと

もある。しかし，一度そのようなことをしてしまえば，企業側の落ち度がないにもかかわらず，法的責任をも認めたことにもつながりかねない上，不当クレーマーからは，法的責任を認めたのであるから，更なる金品等を支払うよう要求されかねない。

　そのため，従業員は，繰り返される「誠意を見せろ」という要求から逃れるためにも，カスハラ顧客や不当クレーマーから，「自分の頭で考えろ」，「企業側で考えて対応するのが誠意である」などと繰り返されても，状況的に可能であればカスハラ顧客や不当クレーマーがいう「誠意」の中身（すなわち要求）が何かを，聴き取るように努めることが必要である。

　なお，結果的に，「誠意」の中身（具体的な要求）が明らかになったとしても，その要求に全て応える法的義務は必ずしもないし，原則として，組織としての回答（第1編第2章**5**，第1編第3章**1**参照）をする場面まで，従業員に独断で対応させるべきではない。

(3)　「誠意を見せろ」という要求の具体的内容が明らかにならない場合

　(2)において，「誠意」の中身を明らかにするよう努めたが明らかにならない場合には，「決められた時間」が過ぎていれば時間が過ぎたことを告げ，対応を打ち切ることが考えられる。

　または，前述の時間が過ぎてはいないが，「これ以上は私の判断では回答できませんので会社において事実関係を確認した上で会社として回答をします」などと不当クレーマーやカスハラ顧客に告げ，対応を打ち切ることも考えられる。

　その上で，事実関係を確認した上で責任の判定をして回答（会社としての回答）をする場面まで，不当クレーマーやカスハラ顧客には，従業員において独断で回答しないことである。

(4)　組織としての回答

　不当クレーマーから「誠意」の中身（要求）を明らかにされた場合であっても，過剰な要求に対応する義務がないことは前述したとおりである。

　クレーム対応のプロセスに従って，企業の責任判定をし，その結果として，企業として行うべき対応を行えば，企業としての誠意ある対応として十分である。

　回答の際には，「これが当社の誠意ある回答です。これ以上は応じかねます」と過剰な要求を毅然と拒絶することが大切となる。

⑸　「誠意を見せろ」との言葉で脅迫罪，又は恐喝罪は成立するかについての検討（強要罪については**6**参照）

　ア　脅迫罪

　　脅迫罪は，（本人又は親族）の「生命，身体，自由，名誉又は財産に対し害を加える旨を告知して人を脅迫した者」に成立する（刑222条）。

　イ　恐喝罪

　　恐喝罪は，「人を恐喝して（編注：反抗を抑圧するに至らない程度の暴行・脅迫）財物を交付させた者」（刑249条）に成立する。

　ウ　「脅迫」の構成要件

　　脅迫罪，恐喝罪における「脅迫」とは，「一般人をして畏怖させるに足りる害悪の告知」でなければならず，相手方を，単に困惑させる場合は含まれない。

　　「誠意を見せろ」との単なる言葉だけでは，「生命，身体，自由，名誉又は財産に対し」（刑222条）害を加える旨を告知したとはいえない。また，「一般人を畏怖せしめるに足る害悪の告知」ではないため，上記脅迫罪，恐喝罪の構成要件には該当せず，両罪とも成立しないと解される。

　エ　裁判例

　　ただし，脅迫に当たるか否かは，告知の内容，相手方の性別，年齢，周囲の状況等を考慮して決定すべきであるとされている。

　　最二小判昭35・3・18刑集14巻4号416頁は，熾烈に対立している一方のグループの者が反対派のグループの者に実際には火事がないのに「出火御見舞申上げます」などとの葉書を郵送する行為に脅迫罪の成立を認めている。

　また，地方裁判所の裁判例を1件紹介する。被告人Aは，同人から建物賃貸借契約の仲介の依頼を受けた会社の従業員（以下「C」とする。）が，被告人Aの交際相手を脅して交際を求めたと考えて立腹し，被告人Bを連れて，同会社店舗を訪れ，C及び店長（以下「D」とする。）を「どういうつもりや」などと怒鳴り付け，また，その後地下応接室においても，Cを床に正座させ，Cにおしぼりや火のついたたばこをそれぞれ投げ付けたり，床に正座している同人の姿をカメラで撮影し「ばらまいとくわ」，「もう神戸おられへんな」と言い，さらに，C及びDに，「誠意を見せろ」，「誠意みせなあかんのちゃうか」，「おれら，どんな人間か分かってるやろう」と言うなどして暗に金銭の交付を要求し，その要求に応じなければC及びDの生命，身体，名誉等に危害を加えるような気勢を示して同人らを畏怖させ，同人らから金銭を脅しとろうとしたが，同人らが警察に届け出たため，その目的を遂げなかった，という事案（神戸地裁平19・5・10裁判所ウェブサイト）においては，恐喝未遂罪が認定されている。なお，本件は被告人1人が暴力団関係者と親交がうかがわれる人物，被告人の仲間（もう1人の被告人）が現役の暴力団員であった事件ではある。

カ　分　析

　以上から，「誠意を見せろ」という言葉だけでは，脅迫罪や恐喝未遂（又は既遂罪）は成立しないが，「誠意を見せろ」と発言した際の状況次第では，脅迫罪や恐喝未遂罪が成立する可能性はあると解される。

4 「社長を出せ」，「上司を出せ」等の要求への対応

　顧客の中には，従業員に対し，「お前じゃダメだ，責任者を出せ」，「社長を出せ」等と言ってくる者もいる。その際にどのように対応すべきか解説する。

(1) 顧客に従業員（顧客対応者）の指名権はない

　不当クレーマーが「社長を出せ」，「責任者を出せ」等と要求することが

ある。しかし，これに応じる必要はない。なぜならば，責任者や上司を出すか出さないかは，飽くまでも企業が決める組織内のことであり，顧客に要求されることでもなければ，要求に応じるべきものでもない。

　また，安易に顧客の要求に応じてしまうと，顧客に「この会社は，要求をすれば要求を通す会社だ」と認識されるおそれがある。不当クレーマーがそのような認識を持つと，不当クレーマーの要求はより一層苛烈になる。不当クレーマーの本当の狙いは，従業員の変更ではなく，具体的な要求（例えば「商品をタダにしろ」,「慰謝料を支払え」等）であるから，従業員（顧客対応者）の変更だけで要求が収まらないことが当然予想される。

　そもそも従業員（顧客対応者）の決定権は企業側にある。これは，対不当クレーマーだけではなく，顧客対応全般に言えることである。その上で，要求に応じるか否かは，会社が自らの意思で判断すればよい。

(2) 従業員（顧客対応者）変更，複数人対応の検討

　顧客の要求に応じて従業員（顧客対応者）を変更すべきではないが，企業側が自らの判断で従業員を変更することには検討の余地がある。

　例えば，従業員自身の対応のミスによりクレームを悪化させてしまったような場合などである。このような場合に，ミスをした従業員に対応を継続させると，不当クレーマーがミスに付け込み，精神的に有利な立場で交渉を進めるおそれがあるし，従業員としても毅然とした態度で対応することが難しくなってしまう。したがって，企業側の判断として，従業員を変更することも検討すべきケースの一つである。

　また，クレームによる会社への影響が大きい場合や，クレーム内容が特に悪質な場合，従業員が精神的に参っている場合などには，当該従業員を1人きりにせずに，複数人で対応することも重要である。この点，令和2年1月15日厚生労働省告示第5号「事業主が職場における優越的な関係を背景とした言動に起因する問題に関して雇用管理上講ずべき措置等についての指針」の中の「7　事業主が他の事業主の雇用する労働者等からのパワーハラスメントや顧客等からの著しい迷惑行為について行うことが望ま

しい取組の内容」（以下「厚労省カスハラ指針」という。）においても，「事案の
内容や状況に応じ，被害者のメンタルヘルス不調への相談対応，著しい迷
惑行為を行った者に対する対応が必要な場合に一人で対応させない等の取
組を行うこと。」（厚労省カスハラ指針(2)）が求められている。

　なお，別の従業員に引き継ぐ場合には，従前の従業員から情報が正確に
引き継がれていなければならない。仮に情報が引き継がれていなかった場
合，「前に話した内容だがそんなことも聞いていないのか！」と更にク
レームを言われるおそれがある。

　そこで，クレームに対応する従業員が変わる場合には，次の従業員への
情報の引継ぎを正確にし，組織で情報を共有することが重要である。

(3)　決裁権者が出ることの危険性

　原則として，決裁権者にクレーム対応をさせるべきではない。

　なぜならば，決裁権者が不当クレーマーをなだめるために相手方の主張
を認めるような言動をしてしまい，それを録音された場合には不利な証拠
となる可能性がある。実際に，謝罪が道義的責任を認めたものか法的責任
を認めたものか（第2編第2章❶），後に裁判で争われた場合には，謝罪行
為者がいかなる立場であったか（一従業員にすぎないか決裁権者か等）につい
ても，考慮要素の一つになり得る。

　また，顧客から即時の判断が難しい要求をされた場合，決裁権者以外が
対応している場合には，「上に仰ぐ」という説明ができるが，決裁権者の
場合には，自分が決裁権限を持っているのであるから，その場での判断を
求められかねない。

　したがって，原則として，決裁権者にクレームの対応をさせるべきでは
ないし，そのことを組織内で共有することも重要である。

　しかし，決裁権者にクレーム対応をさせない原則を，決裁権者がクレー
ム対策を講じないことの言い訳に使ってはならない。決裁権者は飽くまで，
不当クレーマーに直接対応しないだけであり，従業員とともに主体的にク
レーム対応に臨むべきであるし，従業員の相談にも適切に対応しなければ

ならない。この点，厚労省カスハラ指針においても，「相談先（上司，職場内の担当者等）をあらかじめ定め，これを労働者に周知すること。」，「相談を受けた者が，相談に対し，その内容や状況に応じ適切に対応できるようにすること。」（厚労省カスハラ指針(1)イ，ロ）が求められている。

☑担当従業員を誰にするかは，飽くまでも企業側が決めることであり，不当クレーマーの要求に応じるべきものではない。

☑基本的に，本来の従業員が引き続き対応すべきである。ただし，必要に応じて，従業員の変更，複数の従業員で対応することも考えられる。

☑原則として，決裁権者にクレーム対応をさせるべきではないが，決裁権者も主体的にクレーム対策に臨むべきである。

⑤ 従業員への処分を求められたときの対応

(1) 懲戒処分におけるクレームの位置づけ

大前提として，使用者による労働者の懲戒は「企業秩序維持の観点から労働契約関係に基づく使用者の権能として行われるもの」[注1]であることを理解しておく必要がある。すなわち，懲戒処分は企業と当該従業員との間での労働関係上の問題であり，この場面において顧客は第三者である。したがって，顧客が企業に対し従業員への懲戒処分を請求する法的根拠はない。

以上を踏まえれば，顧客の求めに応じて唯々諾々と懲戒処分を行うことは企業の対応として論外であり，当該処分は懲戒権の濫用（労契15条）と判断される可能性が極めて高い。また，厚労省カスハラ指針においては，顧客等からの著しい迷惑行為に関する労働者の相談を理由として，解雇その他不利益な扱いを行ってはならない旨を定め，労働者に周知・啓発することが望ましいとされている。無批判に労働者を懲戒することは，かかる

（注1） 最二小判平18・10・6判タ1228号128頁

指針の趣旨に反する対応であることは言うまでもない。

　また，仮に従業員が何らかのミスをした場合であっても，そのことは直ちに懲戒処分に結び付くものではない。業務上のミスは基本的に考課上の問題として扱うべき事柄である。裁判例においては，従業員の単発ミスのみをもって懲戒処分を有効とするのではなく，複数回の懲戒歴や指導歴，勤務態度の不良，その他の非違行為などが認められる場合に限って，懲戒処分としての有効性が認められる傾向にある。[注2]

　他方で，従業員の行為に関する顧客からのクレームは，懲戒処分の適否を判断する上で全く無関係のものでもない。顧客の主張内容は，従業員が具体的にどのような行為に及んだのかという事実を認定するに当たって重要な資料となる。仮に企業が従業員による顧客への行為を理由として懲戒処分に及ぶ場合には，適正手続の観点から顧客への詳細な聴取が必要である。また，顧客に及んだ被害の程度や被害感情の大きさといった事情は，懲戒処分の要否を検討する上での考慮要素として扱う余地がある。

　企業としては以上の点を考慮し，顧客からのクレームへの対応と，懲戒処分の要否検討のための情報収集とを並行して進める必要がある。その際には，飽くまでも懲戒処分の主導権を握るのが顧客ではなく企業であるという前提が揺らいではならない。

(2)　対応方針

　対応方針を検討するに当たっては，顧客からのクレームを下図の4類型に分けて考えることが有益である。ただし，クレームの初期段階においては顧客の主張内容が判然としないことも多く，いかなる類型に該当するのか判断に迷う場合がある。そのような場合には，類型分けに捉われることなく，まずは顧客の主張内容を整理することを心掛ける必要がある。

（注2）　東京地判平14・4・22労判830号52頁，東京地判平21・8・31労経速2063号11頁

〈図表8　顧客の主張内容と対応類型〉

		懲戒事由に該当する可能性[注3]	
		あ　り	な　し
顧客の主張内容	正当[注4]	第1類型	第2類型
	不　当	第3類型	第4類型

ア　第1類型

　　例えば「従業員から暴力を振るわれた」といったクレーム内容が，この類型に該当する。顧客に対して刑事上の罪に該当する行為を行うことは，多くの企業において懲戒事由に該当する行為であるものと考えられる。したがって，慎重な事実調査と懲戒処分の検討が必要である。

　　第1類型に該当するクレームがあった場合，それは（顧客に懲戒処分を求めることが「正当」であるという誤解があったとしても），内容及び方法において正当なクレームである可能性が高い。したがって，企業としては誠意ある対応を心掛け，顧客とのチャンネルを維持するよう努める必要がある。

　　ただし，懲戒処分は企業と従業員との労働関係において行われるものである以上，顧客の意見だけに拘束されないことは確認し，誤解を解消することには努めるべきである。この点の確認を看過すれば，顧客のクレームの矛先は顧客の「正当」な処分要求に応じない企業へと向く可能性がある。顧客が説明に納得せず懲戒処分の要求に固執する場合には，不当なクレームと判断し，最低限の情報収集を行った以降の接触は遮断することも選択肢に入れる。

イ　第2類型

　　「ウェイターに水をこぼされた」といったような，従業員に非はある

（注3）　懲戒事由該当性は，個々の企業の就業規則等に照らして判断を行う。
（注4）　ここにいう正当・不当とは，顧客の主張内容を前提とした場合において，そのクレーム内容が正当か不当か，すなわち，従業員の顧客に対する道義上の責任が認められるかという区分である。

97

ものの，クレームの内容が懲戒事由に該当しないことは明らかな場合である。この場合，企業として情報収集を行う必要性は第1類型に比して大きくない。したがって，クレーム対応の原則論に立ち返り，正当クレーム・不当クレームの別を判断した上で対応を行うことになる（第1編第1章**3**）。

ウ　第3類型

「社員が外回り中にサボっているのを見た」といった通報を受けた場合が想定される。当該従業員の従前の懲戒歴や指導の経緯次第であるが，懲戒事由に該当する可能性は否定できない。

他方で，従業員のサボタージュが，それだけで顧客への道義的責任を構成することは考えられない。かかる内容に基づき顧客が従業員の処分を求めている場合，それは不当クレームと判断して差し支えないものと考えられる。懲戒処分は顧客の意思に拘束されないことを確認した上で，毅然とした対応を貫くことが基本方針となるだろう。

懲戒判断との関係においても，カスハラ顧客や不当クレーマーからの聴取内容は，その信用性を差し引いた上で考慮せざるを得ず，更にはその聴取過程において相手方を増長させる可能性がある。したがって，聴取内容の記録は担当者による聴取書の作成などで十分であり，更なる調査は，事実認定の上でやむを得ない場合にのみ行うべきである。

エ　第4類型

「メールを1時間以内に返さないので処罰しろ」というような，要求内容が不当であり，かつ，懲戒事由への該当可能性も考えられないケースが第4類型に該当する。

本類型に該当する場合，クレーマーとしては，従業員への個人攻撃の手段として企業への通報という手段をとっている可能性も考えられる。この場合，企業は通報をカスハラ顧客や不当クレーマーへの対応の端緒として捉えるべきであり，クレーマーに対して毅然とした対応をとるのみならず，当該従業員へのケアも十分に図らなければならない。

⑥ 土下座の要求への対応

顧客の不当な要求の中には，口頭の謝罪だけではなく，土下座の要求もある。そのような要求をされた際にどのように対応すべきか解説する。

⑴ 顧客から土下座を要求するケースが増えてきている

店員や従業員の接客態度が悪かった等，企業側に非がある行為が原因で，クレームに発展したとしても，クレームに対して丁寧に耳を傾け，そして心から謝罪すれば大抵の怒りは収まるはずである。しかし，謝罪の方法として「土下座しろ」という発言が飛び出すまでエスカレートしてしまうのは，企業側の謝罪態度が間違っているという事実がある場合でも，要求内容がそれに見合っていない場合が多い。

最近では，後に説明するとおり，スーパーマーケット，ボーリング場，衣料店など私達の生活で身近な場所において顧客が店員に対して暴言を吐き，土下座を強要する事例が増えてきている。土下座を要求する不当クレーマーは決して珍しくなくなっている。

このような場合に備え，事前に不当クレーマー対策を講じておくことが必要である。

⑵ 土下座を要求する顧客に生じる法的責任

土下座を要求する顧客には，民事上・刑事上法的責任が生じ得る。

ア　民事上の責任

土下座を要求する顧客に対し，企業側は，従業員に対する不法行為，店の営業妨害をされた場合は会社に対する不法行為に基づき，損害賠償請求することが考えられる。

イ　刑事上の責任

顧客の土下座を要求する行為について，脅迫罪，強要罪，恐喝罪，名誉毀損罪，威力業務妨害罪，不退去罪が成立する可能性がある。以下，詳しく説明する。

① **脅迫罪**（刑222条）

「脅迫罪」は、相手方又はその親族の生命、身体、自由、名誉又は財産に対し害を加える旨を告知したときに成立する犯罪である。「土下座して謝れ」と言うだけではなく、「土下座しなければ殴る」というような身体に対する害悪の告知があったといえる場合、脅迫罪が成立する。

② **強要罪**（刑223条1項）

例えば、殴る、蹴るなどの暴行や、「殺すぞ」、「会社をクビにするぞ」などの脅迫をし、他者に「土下座しろ」など義務のないことを命令する行為が該当する。また、「契約書にサインしろ」、「代金の請求をするな」というような権利行使を妨害する行為も強要罪に該当する。

③ **恐喝罪**（刑249条1項）

恐喝罪は、「人を恐喝して財物を交付せしめることによつて成立する犯罪」であり、恐喝とは、「財物を交付せしめる目的をもつてする脅迫」をいい、恐喝罪の手段たる脅迫とは、「人をして畏怖の念を生ぜしめるに足りる害悪の通知であつて人の反抗を抑圧する程度に至らない場合をいう」（東京高判昭31・1・14東高刑時報7巻1号9頁）とされている。したがって、土下座の要求とともに、暴行、脅迫を用いて金銭等を要求した場合には恐喝罪が成立する可能性がある。

④ **名誉毀損罪**（刑230条1項）

土下座をした姿を撮影し、SNSに投稿する等、土下座した事実を拡散すると、公然と事実を摘示して店員の名誉を毀損したといえ、名誉毀損罪が成立する可能性がある。

⑤ **威力業務妨害罪**（刑234条）

オフィスや店舗で大声を上げて騒いだり、机などをバンバン叩いて従業員を威嚇し、業務を妨げた場合、威力業務妨害罪に該当する。

⑥ **不退去罪**（刑130条）

「お引き取りください」と伝えているにもかかわらず、オフィスや店舗に居座り続ける行為は、不退去罪に該当する。

(3)　土下座の要求に関する裁判例

ア　民事上

◎　**店員が客に暴言を吐かれ，土下座を強要されたことで，勤務先に出勤できなくなり，勤務先から解雇され，精神的苦痛を被ったとして，客に対し損害賠償請求した事例**（東京地判平28・11・10ウエストロー（事件番号：平28(レ)559号））

> **【事案の概要】**
>
> 　スーパーマーケット従業員であったXは，品出しの際に文句を言ってきた常連客であるYに「帰れ」と怒鳴り，追い返した。ところが後日設けられた謝罪の機会でYはXに対し，「なんでてめえなんかに対して謝らなきゃいけないと思ってるんだろ，てめえ」，「この仕事辞めろよ」と声を荒げたり，「馬鹿かお前は」，「土下座しろよ」などと10分以上にわたり文句を言ったりして，Xの謝罪を求めた。
>
> 　Xは，Yの上記行為が不法行為に当たるとし，損害賠償請求の訴えを提起し，一審で勝訴した。
>
> 　控訴審では，Yの一連の発言は，10分以上にわたり繰り返されていること，発言態度などを考慮すると，「それ自体，社会生活上の受忍限度を超えたものであるといわざるを得ない」し，YがXを両手で押しのけた行為は暴行であるから，不法行為が成立するとし，慰謝料10万円を認めた一審を維持した。

イ　刑事上

①　**衣料品チェーン店勤務の店員に土下座を強要し，その状況を撮影した静止画をSNSにアップした事例**（「『しまむら』店員を土下座させて逮捕　クレーマー主婦をブタ箱に入れた「強要罪」はこんなに怖い」（週刊現代2013年10月26日号））

> **【事案の概要】**
>
> 　衣料品チェーン店で，主婦が従業員に同店で購入したタオルケットに穴が空いていたことについて「タオルケットに穴が開いていた。返

品のため費やした交通費と時間を返せ」などとクレームを付けて，土下座をさせ，さらに，この様子をスマートフォンで撮影し，「従業員の商品管理の悪さのために客に損害を与えた」との文言を付してSNSにアップした。この事件で主婦は強要罪・名誉毀損罪で逮捕，名誉毀損罪で略式起訴され，主婦に対して罰金30万円が科された。

② **ボーリング場で店員に土下座を強要した事例**（大津地判平27・3・18LLI／DB判例秘書（事件番号：平27㈱第40号））

【事案の概要】

　27歳の男性と未成年の少女2人が滋賀県近江八幡市にあるボーリング店に来店し，同店において，アルバイト店員の接客態度が悪いとして因縁を付け，「土下座せえへんのやったら，店のもん壊したろか」，「めちゃくちゃにしたるで」などと怒鳴り付け，土下座して謝罪することを要求し，同人に土下座して謝罪させ，強要罪で逮捕・起訴された。裁判所は「その犯行態様は，相手の人格や立場を顧みない執拗で悪質なものである」，「被害者は，店内で土下座して謝罪するという屈辱的な対応を余儀なくされたものであり，犯罪結果にも軽視し難いものがある。」とし，男性の前科を考慮して懲役8か月の実刑判決を言い渡した。

③ **家族の名前を間違えた病院職員に対して土下座を強要した事例**（「43歳男，病院で家族の名前を間違えられ職員に土下座を強要し逮捕「殺したろか」と恫喝も」exciteニュース，2021年3月9日，https://www.excite.co.jp/news/article/Real_Live_200102586/）

【事案の概要】

　男性が家族と共に滋賀県大津市内の病院を訪れ，その際，60代の職員が家族の名前を呼び間違えたことに激昂すると，「殺したろか」と恫喝し，土下座を強要した。さらに，男性は治療した医師に対しても，「どう責任取るねん。出刃包丁持ってくるから腹を切れ」などと脅迫し，業務を妨害した。これを受けて病院側は警察に通報し，男性は強

要罪と脅迫罪，そして威力業務妨害罪の疑いで逮捕された。

⑷　土下座を要求する顧客への対応

　これまで説明してきたとおり，土下座の要求は民事上も刑事上も責任を問うことのできる非常に悪質な行為である。

　顧客の要求に従えば怒りが収まるかもしれないと考える読者も多いと思われるが，土下座をしたとしても相手の怒りが収まる保証はどこにもない。それどころか，不当クレーマーは企業側が自分の要求に応じたことに味をしめ，さらに高次の要求をしてくる可能性がある。

　このような土下座の要求に対して応じる必要はなく，要求されたとしても，毅然とした対応をすべきである。

　例えば，企業側の不手際があり，顧客に対して相応の謝罪をしたとしても大声で暴言を吐き，土下座を要求してきた場合，「お客様を不快なお気持ちにさせてしまい本当に申し訳ありません。土下座については，どうかご容赦いただけないでしょうか」と言い，顧客の気持ちを逆撫でしないように丁寧に断るべきである。このように謝罪しても，「悪いと思っているなら土下座できるでしょ？」と再度土下座を強要してくるおそれがある。その場合，「お客様のお気持ちに対してはこの謝罪が精一杯のものです。これ以上のご要望には添いかねますことをどうかお許しください」と伝えるべきである。

　それでも土下座を要求する場合は，「お引き取りいただけないのであれば，警察を呼ばせていただくことになりますが，よろしいでしょうか」と告げることも効果的である。実際に警察に通報しなくても，「警察」という言葉を聞いて，要求をやめるということも期待できるからである。それでも顧客が退去しない場合は，警察に通報してもかまわない。

　土下座を要求する顧客は，不手際があった相手が圧倒的に悪いのであって，自分に非はないと考える場合が多い。このような者と話合いで解決することは不可能であるから，納得してもらう必要はない。土下座の要求に

103

よる被害を最小限度にするためにも，警察の介入を求める必要がある。

〈例8　土下座強要に対する被害届〉

被　害　届

令和○年○月○日

○○警察署長　殿

〒○○○-○○○○　東京都○○区○○町○丁目○番○号
電話　○○-○○○○-○○○○
届出人　○○　○○　㊞

次のとおり，強要被害がありましたからお届けします。

第1　被害者の住所，職業，氏名，年齢
　　　東京都○○区○○町○丁目○番○号
　　　飲食店従業員
　　　○○　○○（○○歳）

第2　被害の年月日
　　　令和○年○月○日午後○時○分ころ

第3　被害の場所
　　　東京都○○区○○町○丁目○番○号衣料品店「○○」内

第4　被害の態様
　　　私は，被害場所において午後○時から午後○時までレジの受付をしていました。
　　　○時○分頃，犯人が入店し，商品を購入した後，私に対して「購入したばかりの洋服に穴が開いている」と怒鳴り始め，私に謝るように要求しました。私は穏便に済ませるために，何度か謝罪しましたが，犯人は「誠意を見せろ」，「土下座しろ」と大声で怒鳴り，当店の商品を投げ付けてきたので，私は土下座して謝らざるを得ませんでした。

第5　犯人の住所，氏名又は通称，人相，着衣，特徴等
　　　住所，氏名不詳

第6　遺留品その他参考となるべき事項
　　　防犯カメラのデータ
　　　ICレコーダーの録音データ（反訳文付）
　　　従業員の陳述書

---

(5) 土下座を要求する顧客への予防策

不当クレーマーに対応する際は，証拠保全もする必要がある。

例えば，不当クレーマーとのやり取りが，オフィスや店舗の防犯カメラで撮影されていれば，民事上も刑事上も不当クレーマーが土下座を要求した重要な証拠となる。

土下座を要求されただけでなく，脅迫を受けた，金銭を要求された，「お引き取り願います」と告げたが退去しなかったなどの事実は，顧客がそのような発言をしたかどうか，及びその発言内容が重要である。そのため，発言を録音し証拠に残せば，その音声データは重要な証拠となる。

顧客の同意を得ることなく，録音することについてためらう読者もいると思われるが，第3章**1**で解説するとおり，顧客の発言を無断で録音したとしてもプライバシー権侵害などの問題は生じないため，無断で録音することも許されると考えられる（最二小決平12・7・12刑集54巻6号513頁）。

🔊 ポイント

ここまで見てきたとおり，土下座を要求する顧客の行為は，民事上は不法行為，刑事上は強要罪等の犯罪を構成し得るものであり，立派な違法行為である。土下座を求められても毅然として対応し，土下座を断固として断るべきである。

このような顧客に対応するためには，従業員任せにするのではなく，企業がカスタマーハラスメント対策のマニュアル作りをする（第3編参照）等，企業としてその対応方法を徹底する必要がある。

7 代理人が介入してきたときの対応

(1) 代理人と交渉する法的義務

顧客の代理人（又は，そのように称する者）が企業に対して交渉の窓口となることを求めてきた場合であっても，基本的には，企業側がこれに応じるべき法的義務はない。

民法99条にいう「代理」は，代理人と相手方とが行った法律行為の効力

を本人に帰属させる法制度である。換言すれば，（少なくとも，民法上の意味
での）代理権授与は本人による権利行使の範囲を拡張する効果を有するも
のではあっても，相手方に代理人との交渉を行う義務を負わせるものでは
ない。[注5]そして，本人が当事者である場合ですら相手方には任意交渉に応
じるべき義務はないのであるから，結局のところ，代理人が付いた場合に
もかかる義務はないものと結論づけることができる。

(2)　代理人を「認める」べき場合

　企業側には顧客の代理人と交渉を行う法的義務がない以上，介入があっ
た場合には，あえてこれを「認める」べきかどうか，という観点からの検
討を行うことになる。

　ここでまず考慮すべきは，顧客本人ではなく代理人が交渉の相手方にな
ることによって，企業側にメリットがあるかという点である。例えば顧客
からのクレーム内容が正当であり，企業側として何らかの対処を行う必要
はあるものの，顧客本人が感情的であるために交渉の席に着くことができ
ない，という場合には，代理人の登場は渡りに船とも言える。第三者を介
入させることで事案のスムーズな解決に資するのであれば，企業側には代
理人を「認める」メリットがある。

　もっとも，このような場合であっても，いわゆる非弁活動を行う者を相
手方とすることはコンプライアンスに反するため慎まなければならない。
非弁活動とは，弁護士又は弁護士法人でない者が，報酬を得る目的で法律
事務を取り扱うことをいい，弁護士法72条において禁じられている。

　したがって，代理人の介入に対しては，①代理人の活動を認めることが
問題の収束にどの程度資するのか，②代理人を称する者が弁護士法72条に
違反していないか，という2つの観点から，対応方針を考慮すべきである。

（注5）　ただし，ごく一部の例外は存在する。例えば，定款において会社株主の代理人による議
　　　決権行使を一切認めないことは，違法であるとするのが判例通説である（江頭憲治郎『株式
　　　会社法』354頁（有斐閣，第8版，2021年））。会社法は310条1項において代理人を通じて議
　　　決権行使を行う権利を保障しており，これを禁止することは原則として権利制限を伴うため，
　　　民法上の代理とは別段の配慮が必要となる。

(3) 対応方針

以下では，代理人の性質ごとに具体的な対応方針を検討する。

ア 弁護士の介入があった場合

顧客の代理人弁護士を名乗る者による介入があった場合には，まず日本弁護士連合会の検索ページで，その者の弁護士登録の有無を確認するべきである。余りにも大胆な手口であるが，弁護士ではない者が弁護士と名乗って交渉を行う事例は見受けられる。特に当該人物が受任通知等の書面を送ることなく，電話等で唐突に交渉を持ち掛けてきた場合には，まず委任状等の提示を求めるべきである。

弁護士による介入があった場合であっても，企業側には交渉に応じる義務がないことには変わりない。もっとも，顧客側の主張が法的に整理されることはメリットの一つであるから，特に企業側に何らかの責任が生じ得るケースにおいては，交渉に応じる，又は顧客側の主張をまとめた書面の提出を求めることも考慮に値する。

また，弁護士が介入したこと自体が，顧客側の訴訟も辞さない態度を示すものと捉えるのであれば，訴訟リスクを回避するために交渉に応じるということも考えられる。ただし，弁護士が事件を受任したからといって顧客の要求が常に法的な妥当性を有しているというわけではないことには注意が必要である。

イ 近親者の介入があった場合

顧客の近親者による介入があった場合には，その者を代理人として認める事実上のメリットを検討すべきである。誤解を恐れずに表現するのであれば，顧客本人と代理人，いずれを窓口とする方が冷静な話合いができるかという観点から考慮すればよい。

ただし，その者が顧客の近親者本人であるのか，本人であるとしても本人の意を受けて活動しているのか否かについては慎重に判断する必要がある。顧客本人との関係性が疑わしい場合には，身分証明書や委任状の提示を求めるべきであろう。また，近親者であったとしても，顧客本人から報酬を得る目的で交渉を行う場合には，弁護士法72条に反するも

のであるから，そのような事情がうかがわれる場合には交渉に応じるべきではない。

ウ　その他の場合

いわゆる「事件屋」による介入を認めるべきでないことは言を俟たない。それ以外でも，例えば宅地の購入トラブルにおいて不動産業者が代理人になろうとしてくる場合には，当該業者は非弁活動を行っている可能性が高いので，交渉の相手方として認めるべきではない。

8　金銭請求されたときの対応

顧客からの金銭請求が一概に不当クレームであるとはいえない。顧客が企業側の行為により損害を受けており，それによる賠償として相応の額の支払を主張しているのであれば，金銭請求に応じるのが正しい対応である。

ここで必要なのは，顧客による金銭請求の内容が正当なのか，不当なのか

〈図表9　賠償額の設定のイメージ〉

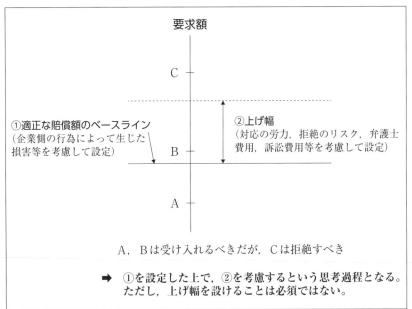

見極めを行った上で，法的観点から適正な賠償額を設定することである。対応に要する労力や悪評を流されるリスクといった事情は，賠償額を一定程度上げる要素であるとしても，支払わなくてよい金銭を支払う理由とはならない。リスクを過大評価し，顧客の要求のままに賠償金を支払ってしまう企業は，カスハラ顧客や不当クレーマーにとっての「カモ」である。

(1) ベースラインの設定

まずは，ベースライン，すなわちクレーム内容に照らして適正な賠償額を確定する作業から対応を開始すべきである。具体的には，相手方の主張を明確にするため，いかなる損害が出ているのかを具体的に，かつ書面をもって主張すること，その際には見積書や領収書等の客観的資料を添付して立証することを求める必要がある。

相手方から主張の根拠が示されれば，それが企業側の行為によって生じた損害として相当なものであるか，損害の発生自体は相当であるとしても額として過大ではないかといった点を法的観点から検討する。こうして確定した相当な賠償額が，企業が負担すべき相当な経済的負担，すなわちベースラインである。請求の内容が正当であり，請求額がベースライン以下であれば，基本的には支払を受け入れるべきであろう。

(2) 上げ幅の考慮

顧客からの請求額がベースラインに比して多額である場合には，請求を拒絶することによるリスクを考慮して，いかなる限度で「上げ幅」を設けることができるかを検討する。考慮すべき事項は，相手方が訴訟を提起した場合の弁護士費用や手続費用，継続的にクレーム対応を行う企業側の負担，悪評を流されるリスク等多岐にわたる。

ただし，これらは単なる調整要素であり，決して過大に評価してはならない。金銭的請求を伴う不当クレームの目的は，この「上げ幅」を不当に拡大しようとすることにあり，これに応じると不当クレーマーの目標が達成されてしまう。目標を達成した不当クレーマーが増長し，金銭的請求を

繰り返すのはままあることである。

(3)　合意書の作成

　　金銭請求に応じる場合には，合意書の作成が必須である。特に金銭請求
が主目的である不当クレーマーは，一度要求が通ると金銭請求を繰り返す
こともままあるため，清算条項は必ず設けなければならない。以下は合意
書の一例であるが，飽くまでも，設例を前提としたものであり，いかなる
ケースにおいても妥当するものではない。特に解決金の額が多額に上る場
合には，弁護士のアドバイスを受けるべきである。

> **事　例**　飲食店を経営する企業が解決金を支払うケース
>
> 　　飲食店を経営する株式会社Aは，店舗において出された食材が傷んで
> いたために腹痛を起こしたと主張する顧客Bからクレームを受け，治療
> 費5万円と慰謝料の支払を求められた。Bの主張内容は完全に信用でき
> るわけではなかったが，診断書等の資料が提出されていること，訴訟を
> 受けた場合に要する弁護士費用等を考慮して，10万円の支払で合意する
> こととなった。

〈例9　合意書（飲食店を経営する企業が解決金を支払う例）〉

> ### 合　意　書
>
> 　　B（以下「甲」という。）と，株式会社A（以下「乙」という。）とは，以
> 下のとおり合意書（以下「本合意書」という。）を締結する。
>
> 第1条（解決金の支払）
> 　　1　乙は，甲に対し，甲が令和○年○月○日○時頃乙の運営する飲食店
> 　　　○○○○において提供された食事により腹痛を起こしたとする件（以
> 　　　下「本件」という。）の解決金として，金10万円の支払義務があるこ
> 　　　とを認める。

　　2　乙は，甲に対し，前項の金員を，令和○年○月○日限り，下記の口
　　　座に振り込む方法で支払う。振込手数料は乙の負担とする。
　　　　　金融機関　○○銀行○○支店
　　　　　種　　類　普通
　　　　　口座番号　○○○○
　　　　　名　　義　○○○○
第2条（守秘義務）
　　甲及び乙は，本件及び本合意書の内容について，第三者に口外しない
　　ことを約束する。
第3条（清算条項）
　　甲及び乙は，相手方に対するその余の請求を放棄し，本合意書に定め
　　るほか，甲と乙との間には何らの債権債務が無いことを相互に確認する。

　本合意書締結の証として，本合意書2通を作成し，甲及び乙相互に署名又
は記名・捺印の上，甲と乙が各1通を保有することとする。
　令和××年×月×日

　　　　　　　　　　（甲）　住所　×××××××
　　　　　　　　　　　　　　氏名　▲▲　▲▲　　　　　　　　㊞
　　　　　　　　　　（乙）　住所　×××××××
　　　　　　　　　　　　　　商号　●●（株）
　　　　　　　　　　　　　　代表　代表取締役　●●　●●　㊞

9　初動対応を誤ってしまった場合の対応

　顧客に対する初動対応を誤った場合に，どのように対応すべきか解説する。

ポイント

　　ここで問題となっているのは，「クレームを主張する顧客への初動対応を
　誤ってしまった場合」の検討である。
　　①初動対応の誤りの例，②不利な状況のリカバリーの方法を順を追って説
　明し，③リカバリーを行うか否かで，その後の裁判においてどのような影響
　があり得るかを裁判例から検討する。

(1)　初動対応の誤りの例

ア　不適切な謝罪

　　法的責任がないにもかかわらず，事実確認や法的責任を検討する前に，道義的責任と法的責任を明確に分けずに謝罪の意を述べたり，法的責任を認めるような発言をしてしまうと，後日顧客からは，「法的責任を認めたではないか」との主張をされることがある。それに対し，従業員が「先日の謝罪は，飽くまで法的責任を認めたものではなく，不快な思いをさせたことに対する謝罪です」，「法的責任は認めていません」と述べても，不当クレーマーやカスハラ顧客は「責任を認めた」という点を執拗に繰り返し強調する。

イ　不必要な念書や合意書等の作成

　　また，法的責任がないにもかかわらず，念書や合意書を書かされるなど，不当な要求（高額な損害賠償を支払うことや過剰なサービスを行うこと）を受け入れる旨合意してしまうこともある。

　　そのような合意書等を作成してしまえば，その合意に基づいて，不当クレーマーから過剰要求を果たすように，請求されてしまう。

ウ　不当な要求の実現

　　さらには，不当な要求に応ずる必要がないにもかかわらず，不当な要求を通してしまった場合に，途中から不当な要求を拒絶すると，不当クレーマーからは，これまで「○○サービス」を行ってくれていたのであるから，「○○サービス」は御社の義務であると言われ，過剰要求が執拗に繰り返されることとなりかねない。また，ゴネ得に味をしめた不当クレーマーが過剰なサービスを得ようとするようになることもある。

(2)　初動対応を誤り，不利な状況に陥った場合のリカバリー方法

ア　事実確認や法的責任を検討する前に責任を認めたと顧客から受け取られるような対応を行ってしまった場合

　　上記(1)ウの場合は，別途書面まで必要か検討が必要であるが，上記(1)ア・イのように，顧客に対して，法的責任がないにもかかわらず，事実

関係や法的検討を十分に行わず，法的責任を認める発言を行ったり，法的責任を認めたと顧客から言われかねない謝罪を行ってしまった場合は，文書やメール等を送付し，法的責任はない旨，明確に伝えることが必要となる。

　特に，上記(1)イの合意書や念書等を作成するなど合意してしまった場合には，速やかに，内容証明等を発送し，その合意書や念書等の効力を取り消す必要がある。

イ　不当な要求に応じてしまった場合

　上記(1)ウのように，不当な要求に応じてしまっていた場合には，本来は不当な要求に応じる法的義務は存在しないこと，今後は，不当な要求に応じることはできない旨，毅然とした態度で伝えることが重要である。文書等で送付するべきかどうかはケースバイケースである。

ウ　リカバリーを行う者

　また，初動対応のミスのリカバリーは，初動対応を誤った者ではなく，別の従業員，又は場合によっては，弁護士による対応が有効であると考える。これは，初動対応を誤った者が対応し続けると，顧客は，以前発言したことと異なるではないかなどと，その理由を問うたり責め立てたりするなど，クレームを継続しやすくなる上，初動対応を誤った者も，自身の発言や態度等で一度は顧客の不当な要求に応じてしまっているため，心理的に毅然とした対応（法的責任の不容認及び不当要求の拒絶）をとり続けることが難しいからである。

　一方，別の従業員等により対応を行えば，顧客に対し，「初動対応を間違った従業員（仮に「Ａ」とする。）個人は法的に責任を認めたかもしれないが，企業において事実関係を精査し，確認をした結果，法的責任はないという結論に至り，Ａの事実認識や法的判断は間違っていたことが判明した」などと言いやすく，法的責任の不容認や不当要求の拒絶が毅然と行いやすい。この方法は顧客に主導権を握られている場面において，企業が主導権をとり返す上でも有用である。

エ　リカバリーの手段

　なお，文書等で，明確に法的責任や不当要求を否定しておけば，顧客にインターネット上で，「法的責任を認めた」などと拡散された際にも対抗しやすい。また，後述するとおり，後日，顧客から，法的責任をとるように訴えられた場合にも，裁判所における判断に良い影響を与え得る。

　さらに，それまでの流れを変え，法的責任の不容認や不当な要求の拒絶などが行いやすい。

(3)　裁判例の検討

　カスハラ事案とは異なるが，責任を認めるような発言や謝罪をした場合に，裁判所でどのように扱われるかの参考となる裁判例として，以下がある。

ア　企業役員の責任を認めるような発言や，社長の謝罪についての裁判例

　役員による責任を認めるような発言や社長の謝罪が裁判例でどのように扱われるかの参考となる裁判例として，以下のものがある。

　システム開発におけるプロジェクトマネジメント義務の不履行が問題となった事案である。

　一審（東京地判平24・3・29判タ1405号254頁，金法1952号111頁）は，役員による責任を認めるような発言や謝罪，社長の謝罪等も一事情として，基本合意締結前のプロジェクトマネジメント義務の不履行を認めた。

　他方で，控訴審（東京高判平25・9・26金判1428号16頁）は，『これらの言動』は「許容しがたい誤りがあったのではないかとの疑いが生じ得る」と述べつつも，『当該発言等が行われた過程』や，『発言が具体的な事実や実証的な分析等に基づいたものとは認めがたいこと』を理由として，これらの文言や発言等をとらえて，責任を認めることはできない（なお，その他の事情からも基本合意締結前のプロジェクトマネジメント義務を認めなかった）とした。

イ　医師の謝罪についての裁判例

①　**東京地判平20・2・20裁判所ウェブサイト，医療判例解説20号129頁**

　　裁判所は，謝罪した医師本人が，裁判の尋問において謝罪は不本意であったことを述べているほか，謝罪の趣旨は明確ではなく，診療行為によって想定外の結果が生じたことについて謝罪する趣旨であったということも当時の状況に照らして不合理ではないこと等を認定して，謝罪したことが過失を基礎づけるものとまではいえないと判断している。

②　**東京地判平19・5・31裁判所ウェブサイト**（事件番号：平18(7)14387号）

　　保険会社の社医が，上司とともに，社医の行った採血行為について謝罪をしたことについて，原告が，その採血行為により動脈損傷を認め謝罪したと主張した事案である。

　　当該裁判例においては，上司は，「原告の皮下の出血斑を認めたので，それについて詫びたに過ぎない」と述べて，「謝罪」の事実から，動脈損傷の事実や必要以上に静脈を損傷した事実を推認することはできないと判断された。

(4)　分　析

　　上記裁判例からすれば，謝罪や法的責任を認めるような発言をしてしまった場合にも，その発言・謝罪等の趣旨や，その発言・謝罪が行われた経緯などから，裁判所は，謝罪した側が法的責任を認めているわけではないと認定することもある。当該発言や謝罪が具体的な事実に基づいていない場合や，謝罪をしなければ円滑に進まないような場面に謝罪が行われていた場合などである。

　　これらの裁判例からすれば，初動対応で間違った対応（謝罪，法的責任を認める発言等）をしてしまっても，法的責任は認められないと挽回できる可能性はあり，ケースバイケースであるが「なぜそのような初動対応が行われたか，初動対応がどのような趣旨であったか」を明確に記載した内容証明を送付しておけば，裁判においても，一つの有利な証拠として提出することが可能となる。

第3章　録音・録画の問題

⬛1　企業側が録音することの可否

　不当クレーマーとの面談や電話の際には，その状況を録音すべきである。不当クレーマーが暴力行為，暴言，脅迫的言動などを行ってきた場合，後に刑事告訴や民事上の法的措置をとることができるように証拠を残しておく必要がある。しかし，相手方に無断で録音することが許されるかについて気にする従業員は非常に多いと思われる。そこで，こちらが顧客の発言を録音することの可否について説明する。

(1)　録音することを言うか言わないか

　　まず，前提として録音していることを相手方に伝えるか否かを検討する必要がある。この点に関しては，録音の目的によって，相手方に伝えるか否かを使い分けるべきである。

　ア　録音の目的が「証拠保全」の場合

　　まず，録音の目的が「証拠保全」にある場合，録音することを伝える必要はない。例えば，これまで何度も悪質なクレームを受け続けており，具体的な法的対応も検討している段階であれば，録音していることを伝えずに，脅迫的言辞などを証拠化することも必要になる。

　イ　録音の目的が「相手方への牽制」の場合

　　一方で，録音の目的が「相手方への牽制」にある場合，録音していることを伝えるべきである。特に，不当クレーマーからのクレームが余りに激しい場合には，録音していることを不当クレーマーに伝えることは有効である。不当クレーマーによっては，会話を録音していることを伝えると，自分のクレームが証拠化されることを恐れ，急にトーンダウンする場合がある。

　　なお，録音していることを伝えると，不当クレーマーから「録音するな！」とか「なぜ録音をしているんだ！」と言われることが想定される

が、これに対しては、「あなたの発言の内容を正確に把握するため、会話を録音させていただきます」とだけ伝えて、録音してかまわない。

(2) 無断録音の証拠能力

訴訟において無断録音された録音データが証拠として提出された場合に、「プライバシー権を侵害し違法に収集された証拠であるから、証拠能力（裁判所の証拠調べの対象となり得る資格）が無い」と争われることが考えられる。

ア 民事事件の裁判例

この点に関して民事事件では、無断録音データの証拠能力を認めた裁判例が多数存在する。

例えば、東京高判昭52・7・15判タ362号241頁、判時867号60頁は、相手方である会社の人事課長を銀座の料亭に招いて接待しながら、自分に有利な供述を得るよう誘導的な質問を行い、その会話の音声を、ふすまを隔てた隣の部屋で録音した行為について、「話者の同意なくしてなされた録音テープは、通常話者の一般的人格権の侵害となり得ることは明らかであるから、その証拠能力の適否の判定に当つては、その録音の手段方法が著しく反社会的と認められるか否かを基準とすべき」と判示した。そして、本件の録音は、酒席における発言供述を、単に本人が知らない間に録取したものであるにとどまり、人格権を著しく反社会的な手段方法で侵害したものということはできないとし、録音テープの証拠能力を認めた。

イ 刑事事件の裁判例

刑事事件においても、無断録音データの証拠能力を認めた裁判例が多数存在する。

例えば、最二小判平12・7・12刑集54巻6号513頁は、詐欺の被害を受けたと考えた者が、相手方の説明内容に不審を抱き、後日の証拠とするため、相手方との会話を録音することは、たとえそれが相手方の同意を得ないで行われたものであっても、違法ではなく、その録音テープの証拠能力は否定されない旨判断している。

　他にも，松江地判昭57・2・2判時1051号162頁は，殺人未遂教唆等事件の被告人との殺害に関する会話の録音について，「右各テープ（編注：録音テープ）の収集手続に重大な違法があれば，弾劾証拠としても許容されない」との一般的原則を示した上で，対話の一方当事者が相手方の同意のないまま対話を録音したテープについては，「録音の目的，対象，方法等の諸事情を総合し，その手続に重大な違法があるか否かを考慮して決定するのが相当である。」と判示し，本件事実関係の下では，証拠能力を否定すべき違法な点はないとし，録音テープの証拠能力を否定すべき契機にはならない，とした。

(3) 無断録音とプライバシー権

　企業が顧客のクレームを無断で録音することが，プライバシー権侵害として違法となるかについて検討する。

　プライバシー権とは，伝統的には「私生活上の事柄をみだりに公開されない法的保障・権利」と定義され，私生活上の事柄を「公表された場合」に違法性が問題となると解されてきた。

　しかし，近時は「自己に関する情報をコントロールする権利」と再定義され（芦部信喜＝高橋和之補訂『憲法　第七版』（岩波書店，2019年）124頁），「公表を伴わない場合」であっても，違法性が問題になり得ると解されている。

　もっとも，企業が顧客のクレームを無断で録音することは，原則としてプライバシー権を侵害するとは解されない。なぜならば，企業にとってはクレームに対する適切な対応をするために録音する必要性が存在するし，顧客にとっても企業にクレームの内容を適切に把握してもらう意味で，録音されることに一定の利益があるといえるためである。

(4) 無断録音と個人情報保護法

　無断録音については，個人情報保護法に違反するか否かも問題となる。

　事業者が個人情報を取得する場合には，原則として，あらかじめ利用目的を公表している場合を除き，個人情報を取得した場合には速やかに利用

目的を本人に通知し，又は公表しなければならない（個人情報21条１項）。

しかしながら，上記の利用目的の通知，公表については，一定の場合には適用除外事由に該当するとされている（個人情報21条４項）。

この点，クレーム対応のために無断録音する場合には，個人情報保護法21条４項の適用除外事由に該当するため，利用目的の通知，公表をする必要はないと解される。

具体的には，同法21条４項２号の「利用目的を本人に通知し，又は公表することにより当該個人情報取扱事業者の権利又は正当な利益を害するおそれがある場合」又は同法21条４項４号の「取得の状況からみて利用目的が明らかであると認められる場合」に該当すると解される（『悪質クレーマー』39頁以下，日本弁護士連合会情報問題対策委員会編『Q&A個人情報取扱実務全書』（民事法研究会，2020年）98頁以下参照）。

　ここまで，企業側が「録音」することの可否について説明してきたが，「録画」する場合にもほぼ同様の問題が存在する。この点，「録画」する場合であっても，必要性と相当性が認められれば，「証拠能力の問題」，「プライバシー権の問題」，「個人情報保護法の問題」は，いずれもクリアできると解される。実際に，大手企業においては，不当クレーマーやカスハラ顧客対策専用の録画設備が備えられた会議室を有するところも多い。

② 相手方から録音・録画された場合の対応

近時，スマートフォンによる写真撮影が一般化したため，クレーム対応をしている際に，顧客から顔写真を撮影される，動画を撮影されるという相談も多い。とりわけ，顔写真や動画をインターネットに掲載されて炎上するリスクもある。このようなリスクを回避するためにいかなる手段をとり得るか，以下解説する。

(1)　録音・録画されることのリスク

　　不当クレーマーが対応を行った担当者を写真や動画で撮影し，SNS等に投稿した場合，投稿された写真や動画はインターネット上で拡散されるため，これらの写真や動画を完全に削除することは困難である。また，後述する法的措置を用いて，上記の投稿を削除することが可能であるとしても，多くの手続を必要とし，時間も要することから，それまでに被害が拡大するおそれがある。

　　そこで，会社は，従業員が不当クレーマーから写真や動画を撮影されることを防止することが極めて重要となる。

(2)　録音・録画を拒絶する法的根拠

　　クレーム対応をしている際に，顧客から顔写真・動画を撮影された場合，肖像権，施設管理権，プライバシー権などを根拠として拒絶する方法もある。

ア　肖像権

　　憲法13条は，個人がその承諾なしに容貌・姿態を撮影されない自由（肖像権）を保障している。そして，個人の同意なく撮影を行うことは，撮影に必要性，緊急性があり，その撮影が許容限度を超えない相当な方法であると認められる場合を除き，民事上の権利侵害となる場合がある（最大判昭44・12・24刑集23巻12号1625頁）。

　　撮影行為が肖像権侵害となるかどうかについては，その撮影の必要性，態様，目的，場所等の事情が総合考慮され，判断される。

　　しかし，一般的に顧客が撮影を行うことには，目的の正当性がない。さらに，従業員が撮影行為を中止するよう求めているにもかかわらず，撮影行為を中止しない場合，撮影手段に相当性が認められるとはいえない。

　　したがって，顧客に対しては，肖像権を根拠に中止行為を求めることができると考えられる。

イ　施設管理権

　施設管理権とは，建物や敷地の所有者・管理者に法的に認められる権利であり，企業が当該施設を業務目的に適合するよう維持・管理するものである。例えば，施設の場内アナウンスで「他のお客様のご迷惑になり，また演出の妨げになりますので，フラッシュを用いた撮影はお控えください」という呼び掛けがされることがあるが，これは施設管理権が根拠とされている。

　施設管理権の行使として撮影行為を一律に禁止することは，業務を円滑に遂行する上で必要かつ合理的な処置といえる。なぜなら，店舗や施設内での動画撮影は，店舗内の顧客等が映り込む可能性があることから，店舗の本来の目的に沿った利用が困難になるといえる。また，個室で対応する場合であっても，撮影されることによって，交渉経緯の一部が切り取られ，事実と異なるものがSNSにアップされ，業務の円滑な遂行が困難になると考えられるからである。したがって，施設管理権に基づいて撮影禁止を求めることが可能と考えられる。

ウ　プライバシー権

　プライバシー権とは，私生活をみだりに公開されない法的保障ないし権利だけでなく（東京地判昭39・9・28下民15巻9号2317頁），自己に関する情報をコントロールする権利（情報プライバシー権）ともいわれており，憲法13条の幸福追求権の一つとして憲法上保障されている。

　個人の同意なく撮影することは，プライバシー権上問題となる。プライバシー権侵害に該当するためには，その事柄が①私生活上の事実又は私生活上の事実らしく受け取られるおそれのあることがらであること，②一般人の感受性を基準にして公開を欲しないことがらであること，③一般の人々にまだ知られていないことがらであることが必要とされる。

　従業員が顧客に撮影された場合，先述したようなリスクが発生してしまうため，一般的に顧客により撮影されたものを公開してほしくないといえる。よって，顧客の撮影行為は従業員のプライバシー権を侵害するといえる。

　　もっとも，プライバシー権を形式的に侵害した場合であっても，本人の承諾，公的な事項（例えば政治家，有名人のプライベート等），正当な理由（開示目的，開示の必要性，開示行為の態様，被害者の被った不利益の度合い）が認められる場合，プライバシー権侵害が適法となるケースもある。

　　しかし，肖像権と同様に，一般的に顧客が撮影を行う目的には正当な理由がなく，また撮影行為に従業員の承諾はない。

　　したがって，顧客に対して，プライバシー権を根拠に中止行為を求めることができると考えられる。

(3)　録音・録画されてしまった場合はどうするか

　　以上のような対応を行ったにもかかわらず，強行的に撮影行為が継続されてしまった場合，基本的には，冷静な態度を崩さず，撮影行為の中止請求を継続すべきである。撮影行為が中止されない場合には，対応を打ち切ってしまうことも手段として有効である。

　　このように，撮影を拒否する対応をとっていれば，仮に顧客のスマホに動画が残ってしまい，SNSにアップされたとしても炎上するリスクは低い。そして，裁判になったとしても，謝罪していないのであるから，自分の非を認めたという証拠にはならず，裁判上不利となるリスクも低い。

　　仮に撮影動画がSNSや動画投稿サイトに投稿されてしまった場合には，すぐさま，運営会社へ削除請求を行うべきである。削除請求だけでは被害が収まらない場合は，弁護士に相談し，顧客に対して，肖像権等の侵害を理由とする損害賠償請求を行うことも考えられる。

　　仮に投稿者が特定できない場合，特定する方法として，特定電気通信役務提供者の損害賠償責任の制限及び発信者情報の開示に関する法律に基づく発信者情報開示請求を検討することになる。

　　これらの法的措置の詳細については，第4章を参照されたい。

　ここまで説明したとおり，撮影者，投稿者に対して法的措置をとること自体は可能である。しかし，企業が一個人相手にどこまで法的措置を講ずるかは，経営判断の問題となる。

　企業としては，一個人を相手にどこまで対応するか，会社ではなく従業員の権利が侵害された場合にどのように対応するかなど，録音・録画された場合の方針について，事前に検討しておく必要がある。

　ここまで，相手方から「録画」された場合の対応を中心に説明した。

　一方で，「録音」については，秘密録音されることもあり，そもそも録音されていることに気付かないことも多い。したがって，拒絶するか否かというよりは，仮に「録音」されていても問題のない対応を心掛けることが肝心である。この点，道義的謝罪と法的謝罪の使い分けなどが重要となる（第2編第2章❶参照）。

第2編 カスタマーハラスメントの実務対応

123

第**4**章　インターネットの問題

1　インターネット上にクレームを書かれたときの対応（総論）

　本稿では，インターネット上に公開され誰でも閲覧可能な態様（会員登録が容易なSNS等を含む）でなされたクレーム書込みに対する対応方法を概観する。

ポイント

　書込み内容が事実に即しているのか否か等の，【確認】，【調査】，【判定】の手順は一般的なクレーム対応と同様に行う。
　証拠化の方法，時間制限，削除請求，発信者情報開示請求を検討すべき点など，インターネット上のクレーム特有の配慮が必要な場合がある。

(1)　対応手順

　インターネット上におけるクレームに対しても，クレームの書込み内容に関して，一般的なクレーム対応手順に沿って対処する。

　加えて，クレーム内容が残存し公開されるというインターネット上のクレームに特有の問題として，名誉毀損等の権利侵害への対処も検討すべき場合がある。

　また，インターネット上の書込みは，時間の経過とともに改変されることも多いので，書込み内容等については都度正確に記録し証拠化しておく必要がある。

　手順を概観すると，以下のとおりである。

> ①　【確認】　書込み内容を確認する。一般的なクレーム対応の【聴取】に相当する手続である。
> ②　【記録・証拠化】　例えば，スクリーンショット機能等を用いて，「書込みの日時・内容・URL・書込者のアカウント名」などの情報を記録・保存する。
> ②　【調査】　書込み内容を踏まえ，客観的事実関係の確認を行う。

③　【判定】　調査を踏まえ，書込み内容に関する自社の法的責任の有無及び
　　　　　　書込み内容による自社に対する権利侵害の有無を判定する。
④　【回答】　判定を踏まえ，回答の必要があれば，回答を行う。
⑤　【対処】　判定を踏まえ，書込みの削除，民事・刑事上の措置などを検討
　　　　　　する。

（2）　インターネット上の書込みによる権利侵害の態様

　　インターネット上の書込み内容に関しては，一般的に下記の権利侵害態
様が想定できる。

　　【判定】において，会社又は従業員個人に対する権利侵害があると判断
された場合は，請求の要否・適否を踏まえて書込みの削除や書込みの投稿
者（以下「投稿者」という。）に対する刑事・民事上の請求といった【対処】
を検討することになる。

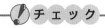

【具体例から見る権利侵害の態様】

◎例１　「Ａ社のＢ店の佐藤従業員は馬鹿だ」との書込みがあった場合
　➡事実の摘示がない中傷の表現である。
　　→程度のひどい場合は，民事上の不法行為（民709条）が検討できる
　　　（「社会通念上許される限度を超える侮辱行為」については名誉感情も保
　　　護される旨の記載があるものとして最三小判平22・４・13判タ1326号121
　　　頁）。
　　→程度のひどい場合は，刑事上の侮辱罪（刑231条）が検討できる。

◎例２　「Ａ社は賞味期限切れの食品のラベルを付け替えて販売している」
　　　　との書込みがあったがかかる事実は存在しなかった場合
　➡事実の摘示に基づいて社会的評価を毀損している。風説の流布により
　　業務を妨害している。
　　→民事上の名誉毀損（民709条・710条・723条）が検討できる。
　　→刑事上の名誉毀損罪（刑230条１項），偽計業務妨害罪（刑233条）が
　　　検討できる。

◎例3　クレーム対応に当たった従業員の土下座写真と顔写真が「A社の従業員（笑）」とのコメントとともにSNSにアップされている場合
→民事上の肖像権侵害，不法行為（民709条など）が検討できる。

　そのほかにも，例えば住所等の個人情報を晒された場合はプライバシー権に対する権利侵害が問題になり得る（講演会参加者名簿における氏名，住所，電話番号等の情報について「自己が欲しない他者にはこれを開示されたくないと考えることが，むしろ社会通念にまで高まっている」とした例として，東京高判平14・1・16判タ1083号295頁，判時1772号17頁，裁判所ウェブサイト）。

(3)　権利侵害のある書込みへの一般的な対処方法

　【判定】の手順においてインターネット上の書込みに会社等に対する権利侵害があると確認された場合，基本的に当該書込みについては【回答】は行わず，下記のような【対処】を行うことになる。

チェック

【権利侵害のある書込みに対する一般的な対処方法】

① 　書込みの削除，表示の停止
② 　書込者に対する法的責任追及（損害賠償請求，刑事告訴等）
③ 　（②の法的措置の前段階として）投稿者の特定
④ 　逆SEO(注)検索結果からの削除，表示順位の降下

（注）　「SEO」とは「Search Engine Optimization」の略で，「検索エンジン最適化」のことであり，「逆SEO」とは「企業の中傷を目的としたネガティブサイトの検索順位を下げる手法」のことである。

(4)　インターネット上の書込みの削除の方法

ア　自社ウェブサイト等における書込みの場合

　　自社のECサイトの口コミ欄等自社の管理するウェブサイトであれば，通常はウェブサイトの管理画面からコメントを削除することが可能である。

また，自社のSNSアカウントのコメント欄や返信欄における書込みで
あれば，自身のアカウント管理画面等からの操作によって削除・非表
示・ブロック等をすることが可能である場合が多い。

注意すべき点としては，①削除等の措置を行う前にURLや書込み日
時を含めてスクリーンショットなどで書込みの記録を取得しておくこと，
②削除等の措置が適切か否かを検討した上で削除等を行うことである。

なぜならば，削除等が可能であるからといって安易に削除等を行って
しまうと，後に法的請求を行う段階において証拠となる書込情報自体の
情報が不正確になってしまったり，投稿者及び削除等の措置を知った第
三者がかえってこれに反発して更に同様の書込みを拡散させてしまった
りする場合があるためである。

イ　他社ウェブサイト等における書込みの場合

「Twitter」や「Facebook」などのSNS，「5ちゃんねる」(5ch.net) や
各種コミュニティサイトの掲示板その他の他社や個人運営のウェブサイ
トに権利侵害性のある書込みがなされた場合は，下記の方法で削除申請
を行うことになる。これらはいずれもウェブサイト管理者やプロバイダ
に対する請求である。

【他社ウェブサイト等における書込みの削除申請方法】

① 　ウェブサイトのフォーム等からの削除依頼
② 　一般社団法人テレコムサービス協会のガイドラインに基づく送信防止措
　置依頼
③ 　裁判手続（削除仮処分，削除訴訟等）

問題の書込みが存在するウェブサイトの規約や問合せフォーム等の内
容を確認し又は直接サイト管理者に問合せをし，ウェブサイトのフォー
ム等からの削除請求を受け入れているのであれば，まずは簡便な①の手
段を講じるべきである。

なお，いずれの方法に関しても，投稿者に対する意見照会等によって

削除申請があったことが投稿者に把握される可能性があることには注意すべきである。

　また，インターネットサービスプロバイダの通信記録の保存期間は3か月から6か月で自動消去されるのが通常であり，発信者情報開示の手続には時間制約がある。そのため，投稿者が特定できていない場合，損害賠償請求等を検討しているのであれば削除請求に並行して発信者情報開示請求を行うことが必要になる。

2 インターネット上に誹謗中傷を書かれたときの対応

事 例　食品販売会社がインターネット上に誹謗中傷を書かれたケース

　フウズ株式会社は日本全国で食品販売を行う会社である。

　インターネット上の掲示板に「フウズは外国産の商品を日本産と偽って表記して販売している」という書込みが発見された。

　掲示板のログを遡ってみると，同旨の書込みが同じ時間帯に繰り返されていることが分かった。また，フウズ株式会社の代表取締役山田太郎についても「フウズの山田太郎は稀代の悪人」などと中傷されていることが分かった。

　フウズ株式会社では，産地偽装の事実は一切なく，日本産の原産地証明を取得している。

　フウズ株式会社は，当該書込みの発信者に対して，法的措置を検討することとした。

(1) 本事例における法的措置の検討

　本事例においては，「外国産の商品を日本産と偽って表記して販売している」と事実とは異なる内容で，フウズ株式会社の社会的評価を低下させる記載がなされている。そのため，民事上では名誉権侵害を根拠とする損害賠償請求（民709条・710条・723条）・差止（削除）請求（最大判昭61・6・11民集40巻4号872頁），刑事上では偽計業務妨害罪（刑233条）などの措置が検討

できる。ただし，刑事事件化のハードルは高いため，一般的には民事上の措置を検討することになる。

(2) プロバイダ責任制限法に基づく開示手続

ア　開示手続を要する理由

　　投稿者に対して損害賠償請求訴訟を提起する際には，訴状に投稿者の氏名又は名称及び住所を記載することが必要である（民訴133条2項，民訴規則2条1項1号）。しかし，インターネット上の書込みは基本的に匿名でなされるため，損害賠償請求訴訟等の提起を行うためには，まず投稿者の氏名又は名称及び住所を特定する必要がある。

イ　発信者情報開示手続

　　投稿者（発信者）を特定するためには，プロバイダ責任制限法に基づく発信者情報の開示手続を行うのが一般的である。削除請求（本章■(4)参照）と同様に裁判外の手続も存在するが，投稿者のプライバシー情報の開示を伴うことから削除請求に比べて裁判外で開示が行われることは稀である。

　　開示手続の相手方は，投稿者ではなく，「特定電気通信役務提供者」（改正後プロ制限2条3号（令和4年10月1日施行））（改正前プロ制限2条3号）又は「関連電気通信役務提供者」（改正後プロ制限5条2項），つまりサイト管理者や通信事業者である。

　　サイト管理者とは，問題となる書込みが存在するSNS・掲示板・ブログなどの管理主体のことである。例えば，Twitterなら「Twitter, Inc.」，アメーバブログなら「株式会社サイバーエージェント」，5ちゃんねるなら「Loki Technology,Inc.」などの会社を指す。コンテンツプロバイダ（CP）とも呼ばれる。以下では，サイト管理者のことを「CP」と略す。

　　通信事業者とは，インターネット通信サービスの提供事業者のことである。例えば，NTTコミュニケーションズ株式会社やソフトバンク株式会社などの会社を指す。アクセスプロバイダ（AP）やインターネットサービスプロバイダ（ISP）などとも呼ばれる。以下では，通信事業者

のことを「AP」と略す。

　開示の対象になる「発信者情報」には，発信者の氏名又は名称，住所，電話番号，メールアドレス，IPアドレス（「IPアドレス」とは，インターネット通信上の情報の送受信を識別する番号のこと）などがある（改正後プロ制限2条6号，改正後プロ制限規則2条各号（令和4年10月1日施行））。

　令和3年4月28日公布・令和4年10月1日施行の改正後プロバイダ責任制限法では，大改正が行われ，これまでにも利用されていた民事保全・民事訴訟制度による開示請求仮処分・訴訟（改正後プロ制限5条1項，2項（令和4年10月1日施行））（改正前プロ制限4条1項）に加えて，非訟事件手続制度が新設された。これにより，裁判所に対して，発信者情報の開示命令を申し立てることができるようになった（改正後プロ制限8条）。

　非訟事件手続においてはCP・APらに対するそれぞれの発信者情報開示命令申立てを提起する際にも同一裁判所にて審理がなされることが前提に制度設計がなされている（改正後プロ制限18条，発信者情報開示命令事件手続規則（最高裁判所規則第11号）2条1項1号（令和4年10月1日施行））。また，発信者情報開示命令事件が係属する裁判所において，申立てにより，提供命令（改正後プロ制限15条1項），消去禁止命令（改正後プロ制限16条1項）を出すことができる。これにより，これまで複数の裁判体での審理が必要となっていた民事保全・民事訴訟ルートと異なり，非訟事件として一回的解決及び簡易迅速な手続による速やかな開示がなされることが期待されている。

　例として，開示請求の準備，発信者情報開示手続，損害賠償請求訴訟の概観図を示すと，図表10のようになる。

(3)　開示請求の要件

　プロバイダ責任制限法に基づく開示請求の実体要件は，民事保全・訴訟ルートと非訟事件ルートで違いはない（改正後プロ制限8条）。「特定電気通信役務提供者」（問題のある書込みがなされたCPや当該書込みに関する通信を行うAP）に対する開示請求の実体要件は，改正後プロバイダ責任制限法5条

　1項，改正前プロバイダ責任制限法4条1項に定められている。改正後プロバイダ責任制限法5条2項は，新たに，「関連電気通信役務提供者」（問題のある書込みに関する通信を経由・媒介したAP）に対する請求の場合を規定するが，実体要件については同条1項1号及び2号とほぼ同様となる。

〈図表10　発信者の特定から損害賠償請求を行うまでのフロー〉

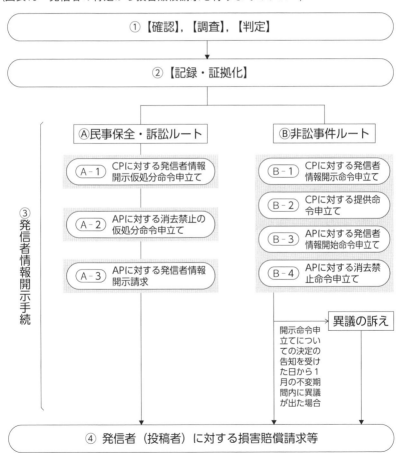

プロバイダ責任制限法に基づく開示請求の要件

① 特定電気通信（改正前・後プロ制限２条１号）による情報の流通であること

　誰でも閲覧可能な情報発信のことを指し，メール，チャットなどはこれに当たらない。

② 「保有」する情報であること（改正後プロ制限５条１項，改正前プロ制限４条１項）

　特に，APにおける情報の保有期限（一般的に３か月から６か月程度）に注意が必要である。

③ 権利侵害の明白性（改正後プロ制限５条１項１号，改正前プロ制限４条１項１号）

　総務省の見解によれば，「不法行為等の成立を阻却する事由の存在をうかがわせるような事由が存在しないことまでを意味する」（総務省総合通信基盤局消費者行政第二課『改訂増補第２版プロバイダ責任制限法』（第一法規，2018年）79頁）とされており，名誉毀損の場合などは違法性阻却事由の不存在まで主張・立証の対象となることに注意が必要である。名誉毀損に基づく損害賠償請求をする際には，「同定可能性」（一般読者の普通の注意と読み方を基準として対象者の属性を知る者が閲覧したときにインターネット上の書込みの対象者が特定できること）の要件が問題になることが多いため，当該書込みの前後の広い範囲（スレッド全体，当該書込みの文脈がわかるような関連する書込み等）の証拠化が有益である（侮辱的な表現の解釈について「本件スレッドの他の書き込みの内容，本件書き込みがされた経緯等を考慮しなければ，被上告人の権利侵害の明白性の有無を判断することはできないものというべき」とした例として最三小判平22・4・13民集64巻３号758頁）。

④ 正当な理由（改正後プロ制限５条１項２号，改正前プロ制限４条１項２号）

　開示を受ける合理的な必要性のことを指す。権利侵害に対する民事上の請求を行うための開示請求には正当な理由がある。

⑤ 【特定発信者情報の開示を求める場合の追加の要件】（改正後プロ制限５条１項３号）

　改正後プロバイダ責任制限法では，「特定発信者情報」（改正後プロ制限

5条1項，改正後プロ制限規則3条），つまり，問題のある書込みを行った前後のログイン・ログアウト等の通信に関する発信者情報に関しても開示を求めることが可能であると明示された。

特定発信者情報に関する開示を求める場合は，上記①～④の要件に加えて，改正後プロバイダ責任制限法5条1項3号に定めるイ・ロ・ハのいずれかの要件を満たす必要がある。具体的な利用が想定されるのは主に同号ロであり，CPがログイン型サイト（Twitter，Facebookなど）である場合の利用が考えられる。

(4) 【確認】，【調査】，【判定】（図表10フロー①）

問題書込みに対して，まずは【確認】，【調査】，【判定】を行う。

ア　書込み日時の確認

まず確認すべきは，当該書込みがなされた日時である。

発信者の契約者情報を把握しているAPがIPアドレス等の記録を保存する期間は一般的に3か月から6か月であることが多い。また，CPに対する開示請求の仮処分手続にも1か月程度の時間を要する。

そのため，問題の書込みの発見時点で書込み日時から相当期間を経過していた場合は，IPアドレス等の保管期間を徒過し開示請求が不奏功となる可能性が高いので注意すべきである。

イ　IPアドレス等の開示請求の相手方の確認

IPアドレス等の開示請求を行うに当たっては，問題の書込みがなされたウェブサイトの管理者，すなわちCPを特定する必要がある。ウェブサイトのフッターにある権利者情報やドメインの保有者などから管理者が誰か調査することができることが多い。

例えば，書込みがインターネット上の掲示板の「5ちゃんねる」（5ch. net）であれば，フィリピン法人のLoki Technology, Inc.（ロキテクノロジー社）が開示請求の相手方となる。

ウ　被侵害権利，開示請求の要件の検討

損害賠償請求の根拠となる権利侵害が存在しているかという点や仮処

分の要件に耐え得るかという点も検討する必要がある。

　特に問題になるのは，前記の開示請求の要件のうち③権利侵害の明白性である。

　権利侵害の明白性に関しては，名誉毀損の場合などは違法性阻却事由の不存在まで主張・立証の対象となることに注意が必要である。例えば本事例では，「日本産の原産地証明を取得していること」が書込みが真実性を欠くことの証左といえる。したがって，原産地証明を証拠添付して違法性阻却事由がないことを主張することになる。

　同定可能性については，例えば本事例では同一商号の食品会社がほかにもある可能性は高く，当該書込みのみでは請求者のことを述べているのかが分からないと判断されることがある。この場合は，別の書込みとの相互関係などから当該書込みが自社の権利を侵害していることを関連づけて説明する必要がある。例えば本事例では，近接した日時や掲示板上の同一IDの書込みにおいて，「フウズの代表取締役山田太郎」に対する侮辱的な発言があることから自社に対する書込みであると特定するなどの工夫を行う。

(5)　【記録・証拠化】（図表10フロー②）

　図表10フロー①のステップに並行して必ず行うべきであるのは，【記録・証拠化】である。

　問題のある書込みを発見した場合は，情報の改変や散逸を防ぐためにもすぐさま記録・証拠化する必要がある。

　証拠化が必要な範囲は，問題となる書込みそのものは当然のこと，前記で検討したように，権利侵害の明白性，同定可能性，違法性阻却事由といった要件の観点から検討し，取り漏らしがないようにできるだけ広い範囲で証拠を保存しておくことが望ましい。

　証拠化に際しては，ウェブブラウザ上で問題の書込みがあるウェブサイトを開いた状態にしてアドレスバーにURLを省略せず全て表示した状態にしてスクリーンショットを取得するとよい。

スクリーンショットを取得するのが困難な場合は，ウェブサイトを印刷する。印刷の際には必ずヘッダー又はフッターに印刷の日時及びURLが印字される設定で印刷する。

(6) 発信者情報開示手続—民事保全・訴訟ルート（図表10フロー③A）

ア　CPに対する発信者情報開示仮処分命令申立て（図表10フロー③A‐1）

上記の手順で証拠等を作成した後は，CPに対して発信者の書込みに係るIPアドレス・タイムスタンプ等の開示を求めて発信者情報開示仮処分命令申立てを行う。

保全手続であるので，被保全権利（発信者情報開示請求権）と保全の必要性（IPアドレスの早期開示の必要性）を主張する必要がある。開示請求に関する担保金は10万円とされることが多い。

裁判管轄に関しては注意が必要である。例えば，「5ちゃんねる」（5ch.net）への書込みの場合，仮処分手続の債務者となるロキテクノロジー社は日本国内に営業所・主たる業務担当者を置かない外国法人であ

〈図表11　民事保全・訴訟ルートの図示（図表10フロー③A，④)〉

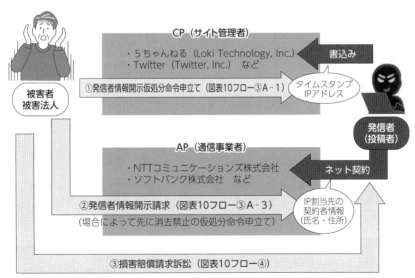

るため，管轄は東京地方裁判所になる。なお，削除請求の管轄は，不法
行為地としての被害者（債権者。本事例ではフウズ株式会社のこと）の本店所
在地・住所地になり，開示請求の管轄と異なることがあるので，管轄間
違いには注意されたい。

イ　APに対する消去禁止の仮処分命令申立て等（図表10フロー③A‐2）

　IPアドレス等の開示を受けた後，APに対する発信者の契約者情報に
係る開示請求を行うには本案請求を経る必要がある。そのため，請求が
認容され開示までには一定の時間を要するところ，その間にAP側にお
いて発信者の特定に必要な通信ログが消去されないように求める必要が
ある。これを求めるのがAPに対する消去禁止の仮処分命令申立て等で
ある。

　既にIPアドレス等に係る仮処分申請が認められている場合はAPが任
意に削除停止措置に応じることも多く，消去禁止の仮処分命令申立て
では不要となる場合も多いため，各社ごとに仮処分の要否を判断する必
要がある。

ウ　APに対する発信者情報開示請求（図表10フロー③A‐3）

　発信者と直接インターネット接続サービス契約を締結しているAPに
対して，当該契約者に係る発信者情報の開示を求める本案請求である。
　かかる開示請求によって，発信者の住所・氏名等の情報の開示を受け
ることができる。

(7)　発信者情報開示手続―非訟事件ルート（図表10フロー③B）

ア　CPに対する開示命令申立て，提供命令申立て（図表10フロー③B‐1，2）

　これまでの民事保全・訴訟ルートにおける発信者情報開示仮処分命令
申立に相当する手続である。

　民事保全・訴訟ルートとの大きな違いは，民事保全（仮処分）手続で
ないため保全の必要性についての主張立証が不要である点，担保金が不
要となる点，送達が不要となる点が挙げられる。これによって，申立人
は手続に要する費用と時間を節約することができる。

イ　APに対する開示命令申立て，消去禁止命令（図表10フロー③B‐3）

　　これまでの民事保全・訴訟ルートにおける発信者情報開示請求訴訟，消去禁止の仮処分命令申立てに相当する手続である。

　　民事保全・訴訟ルートとの大きな違いは，消去禁止命令申立ては本案となる開示命令申立てが係属する裁判所に対して行われ（改正後プロ制限16条1項），さらにCPに対する開示命令申立てが係属する裁判所にて審理されることが前提にされている（改正後プロ制限18条，発信者情報開示命令事件手続規則（最高裁判所規則第11号）2条1項1号（令和4年10月1日施行））ことから，実体要件の審理等が簡易迅速に行われ，手続も簡便になった点が挙げられる。

ウ　異議の訴え（改正後プロ制限14条1項）

　　開示命令申立てについての決定に対して不服がある当事者は，当該決定の告知を受けた日から1月の不定期間内に限り，異議の訴えを提起することができる。これによって，非訟事件ルートによる簡易迅速な手続と慎重な審理とのバランスが図られている。

(8)　発信者に対する損害賠償請求等（図表10フロー④）

　　上記ステップを経て発信者が特定されたとしても，当該「発信者」は基本的にはインターネット接続サービス契約者である場合が多い。そのため，具体的な投稿者の特定に当たっては，さらに住民票等の請求が必要になる場合がある。

　　さらに，具体的な投稿者の目星が付いた後に，再び法的請求の内容を検討するべきである。

　　例えば，本事例では，投稿者が「消費者」である場合，「社内従業員」である場合，「競業他社」である場合などによって，それぞれとるべき請求（それぞれ損害賠償請求，懲戒処分，競業他社に対する投稿者特定の依頼など）も変わってくる。

　　投稿者に対して不法行為に基づく損害賠償請求を行うに当たっては，開示請求に要した弁護士費用等については相当額が損害として認められる傾

向にあるので忘れず併せて請求すべきである（調査費用63万円を相当因果関係のある損害として肯定した例として東京地判平30・1・31判時2154号80頁。開示等請求による投稿者の特定に要した弁護士費用88万5600円全額につき調査費用として請求を認めた例として東京高判令3・5・26ウエストロー（事件番号：令2㈩4412号））。

3　炎上してしまったときの対応

　顧客の中には，特定の企業に対する不満を，自身のSNSを通じてインターネット上に投稿したり，インターネット上の掲示板へ書き込んだり，当該企業のSNSコメント欄へ書き込んだりする者がおり，それを目にしたものが更に自身のSNSなどインターネット上で当該情報を拡散し，いわゆる「炎上」（「インターネット上で，記事などに対して批判や中傷が多数届くこと」（『広辞苑』350頁））を引き起こすことがある。その際にどのように対応すべきか解説する。

> ### ポイント
>
> 　ここで問題としているのは，顧客によって引き起こされた企業に関する「炎上」である。例えば，顧客が「企業への不満等」を，SNS等インターネット上に書き込んだ結果，拡散し「炎上」した場合である。
> ①　「炎上」した場合には，そのインターネット上の書込み内容（「炎上内容」）を精査し，「企業に落ち度があるのか」など，事実関係を精査・確認した上で，通常のクレーム対応と同様，責任の判定をし，また【回答】（組織としての回答）を整理する必要がある。なお，できる限り速やかに行う必要がある。
> ②　①を経た上で，対応方針（放置する，反論する，謝罪する）の検討を行う。
> ③　②で「反論する」，「謝罪する」などの方法を選択する場合には，その対応方法（ウェブサイト上の発信，マスコミの会見等）の検討を行う必要がある。

(1)　顧客による企業への不満の書込みの分類

　顧客による「企業への不満」の「インターネット上の書込み」全てが不当クレームでないことはいうまでもない。正当クレームの場合もあるし，

企業側の落ち度があり，企業としては既に謝罪や適切な対応を行っているにもかかわらず，不満を書き込まれる場合もある。

また，顧客の企業に対する要求「内容」が不当，又は要求「手段・態様」が不当，すなわち不当クレームの書込みである場合もある。

まずは，顧客による「書込み内容」，それに基づいて現在「炎上」して拡散している「事実関係」について，確定し，事実関係を関係者に【聴取】したり客観的証拠と照らし合わせて，上記のいずれの場合に当たるのかを，分類する必要がある。

その上で，「炎上」に対する対応方針を決定する必要がある。

なお，速やかに行う必要があり，場合によっては，事実関係調査の途中であっても，現時点での調査状況について，公表する必要がある場合もある。ただし，事実関係の正確さには注意を払う必要がある。不正確であると，そこから更に「炎上」するリスクがあるからである。

⑵ 「炎上」に対する対応方針の決定

上記に述べた事実関係を確認した上で，通常のクレーム対応と同様に責任の【判定】をして【回答】（組織としての回答）を確定し，対応方針（無視する，謝罪する，反論する）を選択すべきである。

以下，それぞれの方針について解説する。

ア　無視する

書込みが顧客の思い込みでなされているなど，一見して不当クレームと分かり，かつ，「炎上」しているが，その「炎上」の内容が小規模であり，すぐ沈静化すると考えられ，企業活動に影響がない場合には，無視する対応が考えられる。

イ　謝罪する

顧客の書込みが正当クレームであり，その「炎上」内容も企業側に落ち度がある場合には，謝罪する対応を選択すべきである。

一方で，落ち度について既に謝罪済みで適切な対応をとっているにもかかわらず，顧客が会社の態度を非難し続けている場合や，会社に落ち

度があって謝罪を要求しているが，その要求内容や要求手段・態様が不当である不当クレームである場合には，謝罪する対応をすべきか悩ましい場合もある。

　このような場合も，会社に落ち度があった事実については変わらないため，会社に落ち度があったと責任の判定をした場合には，「炎上」を沈静化すべく，その落ち度について謝罪をすべきである。

ウ　反論する

　不当クレームのうち，会社に落ち度がない場合でかつ，「炎上」し，企業活動への影響も大きい場合には，客観的証拠を基に「反論する」方針を選択する方法もある。

　ただし，この場合，客観的証拠を基に，不当クレームへの反論を説得的に行い，納得させられるように準備できることが必要となる。会社にクレームを寄せる不特定多数の者が，会社の反論に納得しない場合には，更なる「炎上」を招くリスクがあるからである。

　また，不当クレームにつき「炎上」させ，インターネット上で自己の正義を振りかざし投稿をする者には，自身の承認欲を満たしたいという心理が働いていることもあり，反論するという選択をとっても分かり合えないことは想定しておかなければならない。

　各企業のスタンスや上記適切な反論準備ができるかにもよるが，「炎上」を沈静化することを優先させざるを得ない場合には，道義的責任のみを認めて謝罪し，「炎上」について事実説明を行うという選択肢もある。

(3)　対応方法

ア　ウェブサイト上での配信

　企業規模，企業に与える影響や「炎上」の中身にもよるので一概には言えないが，基本的には，会社のホームページ上に，ニュースとして，謝罪や反論を公開する方法が効果的である。または，より広く公表したい場合は，企業のSNSにも，ニュースのURLを貼り付ける。

「炎上」した場合，会社のホームページやSNSにアクセスする者が増加すると考えられるからである。

イ　マスコミ等の会見

基本的には，よほどの大事の場合以外は，上記ウェブサイト上での公開で足りるものと考える。

ただし，企業の落ち度が大きく，社会問題にも発展又は発展しそうな場合には，謝罪会見をすべきである。

(4)　反論・謝罪する際の注意点

組織としての回答に，事実誤認があった場合や，不適切な表現があった場合などは，企業としての信用を失ったり，更なる「炎上」を招くおそれがあるため注意すべきである。

(5)　顧客からの書込み等による「炎上」事例の分析

ア　大手食品会社のカップ焼きそばにゴキブリが入っていたというTwitter投稿による「炎上」

本件は，企業側に生産体制の不備があり，企業側に落ち度のある事案であった。「謝罪と異物混入の事実を記載した案内」を掲載・商品回収・一時出荷停止するなど謝罪対応を選択した。

イ　クーポンサイト会社が販売した豪華と広告されたおせち料理を購入した顧客が，実際届いたおせち料理の品質や量が広告と違うことなどを，SNS等で写真投稿したことにより「炎上」

本件は，食品の産地や食材自体が偽装されていた事件であり，企業側に落ち度のある事案であった。

商品の返金対応・お詫び品の送付など謝罪対応を選択した。

ウ　フカヒレスープに使っているフカヒレが，準絶滅危惧種のサメのヒレであると主張し，「フカヒレスープの販売を中止してほしい」とインターネット等のサイトを中心にキャンペーンが立ち上げられ，数万もの

署名が集められ「炎上」

　本件は，企業側がニュースリリースを出し，客観的根拠を示し適切に反論し，炎上は沈静化した。

エ　分　析

　企業側に落ち度のない事案においては，適切な客観的根拠を示し，反論をする選択をとり，事態を沈静化させることも可能である。

　ただし，インターネット上の不当クレーマーやカスハラ顧客らと議論をし，納得させることができるかは別問題であることには留意が必要である。

第**3**編
厚労省カスハラマニュアルを踏まえ企業がやるべきこと

第**1**章　厚労省カスハラ指針について

1　厚労省カスハラ指針の位置づけ

　2020年6月に「事業主が職場における優越的な関係を背景とした言動に起因する問題に関して雇用管理上講ずべき措置等についての指針」（令和2年厚生労働省令和2年1月15日告示第5号。以下「厚労省パワハラ指針」という。）が施行された。厚労省パワハラ指針の中の「7　事業主が他の事業主の雇用する労働者等からのパワーハラスメントや顧客等からの著しい迷惑行為に関し行うことが望ましい取組の内容」は，カスタマーハラスメントに関する内容となっている（以下，同内容を「厚労省カスハラ指針」という。）。

2　厚労省カスハラ指針の内容

　厚労省カスハラ指針は，適宜厚労省パワハラ指針を引用する形式となっているため，やや読みにくい記載となっている。この点，厚生労働省カスタマーハラスメント対策リーフレットに厚労省カスハラ指針を抜粋・一部改変したものが記載されており，比較的読みやすい記載となっている。具体的には以下のとおりである。

> 事業主が他の事業主の雇用する労働者等からのパワーハラスメントや顧客等からの著しい迷惑行為に関し行うことが望ましい取組
> 事業主は，取引先等の他の事業主が雇用する労働者又は他の事業主（その者が法人である場合にあっては，その役員）からのパワーハラスメントや顧客

等からの著しい迷惑行為（暴行，脅迫，ひどい暴言，著しく不当な要求等）により，その雇用する労働者が就業環境を害されることのないよう，雇用管理上の配慮として，以下のような取組を行うことが望ましい。

(1)　相談に応じ，適切に対応するために必要な体制の整備

(2)　被害者への配慮のための取組（被害者のメンタルヘルス不調への相談対応，著しい迷惑行為を行った者に対する対応が必要な場合に1人で対応させない等の取組）

(3)　他の事業主が雇用する労働者等からのパワーハラスメントや顧客等からの著しい迷惑行為による被害を防止するための取組（マニュアルの作成や研修の実施等，業種・業態等の状況に応じた取組）

（出典：厚生労働省カスタマーハラスメント対策リーフレット1頁）

第2章　厚労省カスハラマニュアルについて

1　厚労省カスハラマニュアルの位置づけ

　厚労省カスハラ指針において，企業がカスハラ対策に取り組むべきことが望ましい旨明記されたが，肝心の「企業が実際にどのように行動すべきか」については具体的な記載がなく，同指針だけでは各企業がカスハラ対策に取り組むにはハードルが高い状況にあった。また，同指針においてマニュアルを作成することが有効である旨記載されたが，肝心のマニュアルの内容についても記載がなかった。そこで，厚生労働省は，2021年度，カスハラ対策マニュアルの策定を進め，2022年2月25日，「カスタマーハラスメント対策企業マニュアル」（以下「厚労省カスハラマニュアル」という。）を，リーフレット，周知・啓発ポスターとともに公表した。同マニュアルについては，厚生労働省のホームページ内からダウンロード可能である。

2　企業が独自のマニュアルを作成する必要性

　厚労省カスハラマニュアルは50頁以上に及び，内容としてもマニュアルというよりは小冊子に近い。各企業としては，厚労省カスハラマニュアルを自社のマニュアルとしてそのまま使うことを想定していたかもしれないが，そのような内容にはなっていない。そもそも，パワハラやセクハラと異なり，カスハラにおいて全ての業種・業態に共通する「具体的なマニュアル」を作成することは不可能と言わざるを得ない。なぜならば，カスハラに関しては，業種・業態等によりその被害の実態や必要な対応も異なるため，マニュアルの内容も個別具体的に変更せざるを得ないからである。

　この点，厚生労働省の第3回「顧客等からの著しい迷惑行為の防止対策の推進に係る関係省庁連携会議」（令和3年7月26日開催）議事要旨にも以下の記載がある。

第3編　厚労省カスハラマニュアルを踏まえ企業がやるべきこと

（厚生労働省医政局看護課）

・マニュアルやポスターについては，どの程度各業界に特化した内容になる
　のか。普遍的なものになるのか。それによってどの程度活用できるか，ど
　のように周知すべきかが異なる。マニュアルやポスターの作成について反
　対したいという趣旨ではなく，看護業界では患者の権利擁護という観点か
　らも議論されてきたところであり，内容によっては逆効果になってしまう
　ことを懸念している。

（厚生労働省雇用環境・均等局雇用機会均等課）

・マニュアルは，主に想定しているのは飲食業界や小売業界等の企業向けの
　ものだが，特定の業界に特化した内容にすることは考えていない。業界と
　してそのまま使えない場合は，今回作成するマニュアルを参考にして，特
　定の業界向けに作成するといった使い方をしていただければと考えている。

　上記からもわかるとおり，厚生労働省も，厚労省カスハラマニュアルを各
企業がそのまま使うことまで想定していない。各企業としては，同マニュア
ルを参考にして，業界ごと，企業ごとに独自に個別具体的なマニュアルを作
成する必要がある。

❸　カスハラマニュアル作成の留意点

　厚労省カスハラマニュアルを参考にして，業界ごと，企業ごとの個別具体
的なマニュアルを作成する場合の留意すべき点について解説する。

　まず，「カスタマーハラスメントの判断基準」や「カスタマーハラスメン
トへの対応方法」は業種や業態，企業文化などによって異なるため，各企業
が主体となって準備する必要がある。

　また，カスハラマニュアルの実用性を更に高めるためには，従業員（顧客
対応者）にヒアリングを実施し当該企業の過去のカスハラ事例を分析した上
で，よくある事例への対処法を盛り込む，よくある質問をQ&A形式で記載
する，よく使う書式の参考書式例を記載する，などできる限り具体的な記載
にすることが有益である。

　最も重要なことは，経営層や法務部門のみで作成するのではなく，カスハ

ラ被害にあっている現場の声を吸い上げ，実際に「現場で使えるマニュア
ル」にすることである。

　なお，可能であれば，「現場で使えるマニュアル」とは別に，経営層や法
務部門向けのマニュアルも別途作成することが望ましい。なぜならば，安全
配慮義務や配置転換の問題など，現場の従業員には開示すべきではないが経
営層や法務部門サイドで検討すべき問題も存在するからである。

④　カスハラマニュアル目次案とポイント

　参考までに，一例としてのカスハラマニュアル目次案とポイントを記載す
る。

【カスハラマニュアル目次案】
1　はじめに
　(1)　本マニュアルの目的
　※　企業としての方針を明確にすることで，「企業が守ってくれる」とい
　　　う安心感を従業員に与えることができる。
　(2)　本マニュアルの改定について
　※　カスハラ対応はPDCAを繰り返すことで改善していく性質を有する。
　　　マニュアルについても定期的に改定することによって，従業員（顧客対
　　　応者）個人のPDCAだけではなく，会社全体のPDCAを回すことが可能
　　　となる。

2　カスタマーハラスメントか否かの判断
　(1)　正当クレームとカスタマーハラスメント（不当クレーム）の区別
　※　抽象論だけではなく，業界ごと，企業ごとの具体例を記載する。
　(2)　カスタマーハラスメント（不当クレーム）か否かの判断基準
　※　業種や業態，経営方針によって判断基準も異なる。できるだけ客観的，
　　　一義的な判断基準を策定することが望ましいが，難しければ考慮要素を
　　　記載する。

第3編　厚労省カスハラマニュアルを踏まえ企業がやるべきこと

147

3　カスタマーハラスメント（不当クレーム）に該当する可能性がある場合の対応方法

(1)　相談窓口について

※　支店がある場合には，支店の相談窓口と本社の相談窓口，その役割分担なども記載する必要がある。

(2)　クレーム対応のプロセスについて

※　事実認定の方法や法的責任の判断などは，業界ごと，企業ごとに差が生じやすい点に留意する必要がある。

(3)　クレーム対応のゴール

※　こう着状態・平行線で終わってもよいことや，その場合の社内での扱いなどを記載する。

(4)　証拠の扱い方，重要性

※　業界ごと，企業ごとに重要となる証拠が変わってくるので，その扱いを記載する。

(5)　情報共有について

※　情報を蓄積し，対応方法を見直すことが重要である。なお，個人情報の扱い方にも留意する必要がある。

4　過去のカスハラ事例と対処法

※　カスハラ対応に関しては，抽象論よりも事例をベースにした方が分かりやすい。また，一度起きたカスハラはその後も繰り返し発生する可能性が高い。

5　よくある質問

※　Q&A形式で記載すると分かりやすい。カスハラ対応一般で問題となるものだけではなく業界ごと企業ごとの問題も記載するとよい。

6　よく使う書式の参考書式例

※　毎回，法務部門や顧問弁護士が一から作成することは大変なので，参考書式例を載せておくと便利である。ただし，クレーマーに書面を提出する場合には，慎重な対応が必要であるため，法務部門や顧問弁護士のチェックを受けることが望ましい。

第3章　その他に企業がやるべきこと

１　企業としての基本方針の策定

　マニュアルを策定する前段階として，企業として基本方針を策定することが重要である。なぜならば，企業のトップが，企業としてカスハラに毅然とした対応をすることを決意し，それを従業員に周知しなければ，それを具体化するマニュアルを策定しても，従業員はカスハラ被害を上司に相談できず，正に「絵にかいた餅」になってしまうからである。

　厚労省カスハラマニュアルにおいても，基本方針を明確に示すことの重要性が記載されている。すなわち，「企業として，基本方針や姿勢を明確にすることにより，企業が従業員を守り，尊重しながら業務を進めるという安心感が従業員に育まれ」る（厚労省カスハラマニュアル20頁）のである。

　同頁に記載されている基本方針に含める要素例は以下のとおりである。

【基本方針に含める要素例】
・カスタマーハラスメントの内容
・カスタマーハラスメントは自社にとって重大な問題である
・カスタマーハラスメントを放置しない
・カスタマーハラスメントから従業員を守る
・従業員の人権を尊重する
・常識の範囲を超えた要求や言動を受けたら，周囲に相談して欲しい
・カスタマーハラスメントには組織として毅然とした対応をする

（出典：厚労省カスハラマニュアル20頁）

　業界ごと，企業ごとの基本方針を策定する場合には，できる限り上記要素例を含めるとよい。

２　相談体制の整備

　基本方針を定めても，カスハラ被害にあった従業員が「誰に相談すればよ

いか分からない状態」では意味がない。したがって，相談体制を整備し，従業員が誰に相談すればよいかを明確にすることが必要である。

(1)　相談窓口（相談対応者）の設定

　従業員（顧客対応者）が一次的に相談する相談窓口（相談対応者）は，従業員（顧客対応者）と物理的心理的距離の近い一定の役職者（支店長など）にするとよい。

　なぜならば，カスハラ対策においては，とにかく初動対応が肝心なためである。初動対応がうまくいけば大抵のクレームは大事にならずに済む一方，初動対応でのミスは更なるクレームの呼び水となってしまう。迅速かつ適切な初動対応のためには，従業員（顧客対応者）と物理的心理的距離の近い一定の役職者（支店長など）を一次的な相談対応者にする必要がある。

(2)　本社担当部署の設定

　一方，支店長などを相談対応者に決めただけでは，結局のところ「支店単位でカスハラ対策に取り組め」と指示しているのみに等しく，支店ごとの対応にばらつきが生じる。また，顧客からのカスハラ（不当クレーム）は企業側の落ち度をきっかけに始まることが多く，支店単位での対応を求めると，支店が本社にミスを報告することをためらってしまい，本社まで情報が共有されない，という事態も生じかねない。

　したがって，前述の一次的な相談対応者（支店長など）に相談が入ったあとの制度を構築しておく必要がある。具体的には，本社に各支店のカスハラ事例が集積される制度を構築する必要がある。

　また，本社のどの部署がカスハラ担当にふさわしいか検討する必要がある。この点，厚労省カスハラマニュアルにおいては，「人事労務部門や法務部門」としているが，人事労務部門よりも法務部門がふさわしい。

　なぜならば，カスハラ（不当クレーム）対応は，第一次的には，「労働問題」ではなく「裁判外交渉」であるためである。

　本社担当部署は，一次的な相談対応者（支店長など）から相談を受け，当

該クレームがカスハラ（不当クレーム）に当たるか否かなどを判断するが，正にその判断は法的判断を伴うものであり，「裁判外交渉」そのものである。

　カスハラは確かに「労働問題」的な側面を有するが，それは二次的な問題である。カスハラ被害を受けた従業員のメンタルヘルスケアや配置転換などの検討も必要であるが，それよりも，まず目の前に迫っている顧客への対処が必要である。そして，それは正に「裁判外交渉」であり，法務部門がすべきことである。

　したがって，以下の厚労省カスハラマニュアルの図の本社／本部を担当する者は，法的判断ができる者（法務部。法務部が無い場合には法務担当者）にすべきである。

〈図表12　カスタマーハラスメントに関わる内部手続の流れの例〉

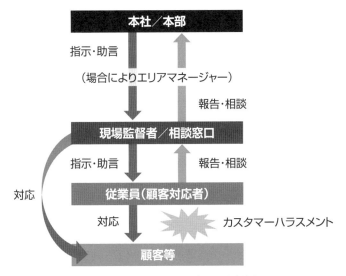

（出典：厚労省カスハラマニュアル33頁）

　一次的な相談対応者及び本社の相談対応者は法的判断を伴う難しい判断に迫られることも多いため，相談対応者用のマニュアルを作成する，相談対応者のみの研修を行う等，相談対応者のスキルアップも不可欠である。

　そうはいっても，前述のとおり，カスハラ対応は「裁判外交渉」そのものであり，責任論や損害論，証拠の分析などの高度な法的判断が必要となる。したがって，図表13のとおり，顧問弁護士からも適宜助言を受ける体制を整えるとよい。

〈図表13　カスタマーハラスメントに関わる内部手続の流れの例（外部専門家がいる場合）〉

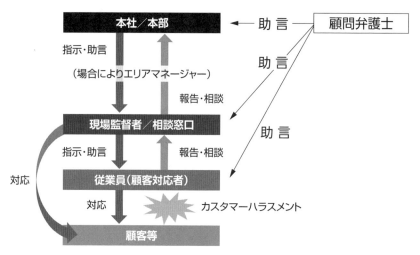

（出典：厚労省カスハラマニュアル33頁。一部筆者加筆）

　一次的な相談対応者（支店長など）だけではなく，二段階にして，本社の相談対応者（法務部など）を置くべき理由は，前述のとおり，支店によって対応にばらつきが生じないようにするためである。したがって，当該カスハラ対応が終了した後，その情報を蓄積し，分析し，共有することも本社の相談対応者（法務部など）の役割である。

　カスハラ対策は一朝一夕でできるものではないが，きちんとした相談体制を作り，一つ一つのカスハラ事例を蓄積し，分析し，共有することさえできれば，日々改善されていくものである。

③ 従業員（被害者）への配慮のための取組

(1) 従業員（被害者）のメンタルヘルス不調への相談対応

　カスハラ対応は，第三者から見ればたいしたことのない事案であっても，攻撃されている当の本人は深刻な精神的ダメージを受けていることも少なくない。とりわけ，真面目な従業員や責任感の強い従業員ほどクレームを必要以上に深刻に受け止めてしまう傾向がある。したがって，上司や相談対応者は，事案への対応だけではなく，従業員のメンタルヘルスにも十分に気を配る必要がある。メンタルヘルスの不調が悪化すると，休職や退職，最悪の場合には自死につながることも意識すべきである。

　したがって，従業員のメンタル不調が垣間見えた場合には，できる限り早期の段階で，ストレス調査や，産業医等の産業保健スタッフによる面談，医療機関への受診勧奨等，必要な指導等を実施すべきである。

(2) 1人で対応させない等の取組

　上記のとおり，カスハラ対応は従業員のメンタルヘルスに深刻なダメージを及ぼすおそれがある。したがって，できる限り，従業員に1人で対応させないことが重要となる。

　また，不当クレーマーとの交渉戦術としても，複数人対応が原則である。なぜならば，不当クレーマーは，従業員を孤立させて，自己に有利に交渉を進めようとする傾向があるからである（第1編第3章④参照）。

　さらにカスハラ事案に関する企業の捉え方としても，従業員（顧客対応者）個人の問題ではなく企業全体の問題として捉えるべきである。仮に当該カスハラ事案について，従業員本人に落ち度があったとしても，従業員個人の問題として切り離すべきではない。たまたま当該カスハラ事案については当該従業員にミスがあったにすぎず，他の事案では他の従業員が当事者になることもあり得る。どんなに優秀な従業員であっても，ミスをしない従業員は存在しないのである。だからこそ，カスハラ事案は企業全体の問題として捉えるべきである。

4　研修の実施

　カスハラマニュアルを作成したとしても，カスハラ対応は，正に「言うは易く行うは難し」と言われる分野である。

　したがって，カスハラマニュアルを作成するだけでは意味がなく，従業員に十分に理解させる必要がある。まずはカスハラマニュアルの内容を理解し，使いこなせるような研修を実施すべきである。

　ただし，カスハラマニュアルの内容を頭に入れていても，実際に顧客から威圧的な態度で大きな声を出されると，想定したとおりには対応できず，言われるがままになってしまうことも少なくない。さらに厄介なことに，クレーム対応は企業側のミスから始まることが多い。自分のミスを指摘された従業員は，負い目を感じて，より一層相手のペースに飲み込まれてしまう。

　したがって，適切なカスハラ対応技術を身に着けるために効果的な研修を実施する必要がある。研修の具体的な内容としては，ロールプレイングが最も効果的である。従業員役と顧客役に分かれて，実際に演習するのである。また，実際のカスハラ事例を共有することも有益である。カスハラ対応はとにかく経験値が重要であるから，他の従業員のカスハラ事例を自己の経験値として蓄積させるのである。また，研修の際に，カスハラ事例を共有し，反省すべき点は反省し，改善すべき点は改善することで，カスハラマニュアルの改定などにつなげることもできる。

　なお，従業員（顧客対応者）や相談対応者向けの研修とは別に，経営層や法務部門向けの研修も行った方がよい。なぜならば，安全配慮義務や配置転換の問題など，現場の従業員には開示すべきではないが経営層や法務部門サイドで検討すべき問題も存在するからである。

5　事例の蓄積とアップデート

　前述したとおり，カスハラ対策は一朝一夕でできるものではないが，一つ一つのカスハラ事例を蓄積し，分析し，共有することさえできれば，日々改善されていくものである。

　カスハラ対策はPDCAを繰り返すことで改善していく性質を有する。マ

ニュアルについても定期的に改定することによって，従業員個人だけではなく，会社全体のPDCAを回すことが可能となる。

　そして，改定したカスハラマニュアルの内容を周知，理解させるためには，研修も必要になる。

　したがって，以下の①〜③の手順を毎年定期的に行うようにすべきである。

【定期的に行うこと】

① **事例の蓄積，分析**
　カスハラ事例を蓄積，分析する。

② **カスハラマニュアルの改定**
　上記②を踏まえて，カスハラマニュアルを改定する。

③ **研修の実施**
　上記①の事例の中で社内全体に共有すべき事例を共有するとともに，上記②で改定したカスハラマニュアルの内容を周知，理解させるために，研修を行う。

6　カスタマーハラスメント対策チェックシートの活用

　厚労省カスハラマニュアルに付録として「カスタマーハラスメント対策チェックシート」が掲載されているので，同シートの活用法について説明する。

　同シートは，前半が「企業のチェックシート」となっており，後半が「従業員のチェックシート」になっている。

　まず，前半の「企業のチェックシート」に関しては，従業員全員が実施する必要はない。後述する「カスハラ対策を中心となって進める組織（法務部門）」がカスハラ対策を進めるに当たって，漏れが無いか確認の意味で使うとよい。

　次に，「従業員のチェックシート」であるが，これはカスハラに直面する可能性のある従業員全員に配布し，回答させる方法で使う。その結果，周知が足りていない部分があれば，カスハラマニュアルの改定や研修の実施によって改善する必要がある。この「従業員のチェックシート」をアンケート

代わりに使ってもよい。これとは別に独自のカスハラに関するアンケートを定期的に実施している企業も多い。

　企業側がカスハラ対策を講じても，現場の従業員の悩みが解決されなければ意味がない。肝心なことは，アンケート等を定期的に実施し，現場の声を集め，それをカスハラマニュアル改定や研修に活かしていくことが重要である。

〈図表14　カスタマーハラスメント対策チェックシート〉

カスタマーハラスメント対策チェックシート

企業のチェックシート

①事業主の基本方針・基本姿勢の明確化、従業員への周知、啓発

□組織のトップが、カスタマーハラスメント対策への取組の基本方針・基本姿勢を示しているか。

□企業としての基本方針・基本姿勢について、従業員に周知・啓発、教育を行っているか。

②実態の把握

□顧客等からのハラスメント発生状況の実態について、把握しているか。

□顧客等からのハラスメントについて、従業員が企業に求める対応、取組について、把握しているか。

③必要な体制の整備、対応マニュアル等の作成

□顧客等からのハラスメントについて、対応策の検討を行う部署・委員会はあるか。

□どのような行為を顧客等からのハラスメントとして整理するのか、その基準を示し、従業員に周知・啓発、教育を行っているか。

□監視カメラの設置、警備担当者の配置等、保安体制は整備されているか。

□最寄りの警察等の連絡先は周知されているか。

□顧客等からのハラスメント対応マニュアルを作成しているか。

□顧客等からのハラスメント対応マニュアルに沿った従業員の教育訓練を行っているか。

□事案発生時の社内報告・連絡・相談システムが確立され、周知しているか。

④相談体制の整備

□相談窓口の設置、相談対応者・担当部署を明示し、周知しているか。

□相談対応者が相談対応における留意点等を記載したマニュアルを作成しているか。

□被害にあった従業員に対するメンタルケアの体制は整っているか。

52

第3編　厚労省カスハラマニュアルを踏まえ企業がやるべきこと

⑤顧客等からのハラスメントが生じた場合の対応

□顧客等からのハラスメントを停止させる措置を講じたか。

□事案に係る事実関係について、従業員、顧客等から迅速かつ正確に確認したか。

□顧客等からのハラスメントが生じた事実が確認できた場合、一人で対応させない、上司が代わって
　対応する、メンタルヘルス不調への相談に対応するなど、必要な措置を講じているか。

□同様の問題が発生することを防ぐ再発防止策を講じたか。

□マニュアルに基づき対応した事案が適切であったか事後的に検証したか。また、定期的に見直す仕
　組みがあるか。

⑥プライバシーの保護、不利益取扱いの禁止

□相談者等のプライバシーを守るための必要な措置を講じ、従業員に周知しているか。

□相談したことを理由とする解雇その他の不利益取扱いをされない旨を定め、従業員に周知して
　いるか。

⑦その他環境面に関すること

□顧客等からのハラスメントの予兆となるような情報、雰囲気を日頃から把握しているか。

□従業員の接客は適切か、接客についての必要な教育訓練を行っているか。

□過度に「お客様第一主義」に偏り、顧客等からのハラスメントを容認する風土はないか。

従業員のチェックシート

□顧客等からのハラスメントに関する企業の基本方針・基本姿勢を認識しているか。

□顧客等からのハラスメント対応マニュアルを認識しているか。マニュアルに基づき対応しているか。

□顧客等からのハラスメントの発生原因となるような言動はないか。

□顧客等が快適に商品やサービスを受けられるような対応(商品やサービスに関する知識を含む)ができているか。

□自社の顧客等からのハラスメント相談窓口を知っているか。

□顧客等からのハラスメントが発生した際の報告・連絡・相談システムを知っているか。

□顧客等からのハラスメントに係る同僚・部下からの相談に応じているか。受けた相談について上司や人事労務担当部署に報告・相談しているか。

□同僚が顧客等からのハラスメントを受けている状況を黙認していないか。

□自身が顧客等からのハラスメントを受けた場合、一人で抱え込むことなく上司や人事労務担当部署に報告・相談しているか。

(2022年2月作成)

第３編 厚労省カスハラマニュアルを踏まえ企業がやるべきこと

(出典：厚労省カスハラマニュアル52〜54頁)

第**4**章　契約書・約款等の見直し

1　見直しの必要性

　自社の契約書式や利用規約等がカスハラへ対応し得る条項を備えているかについても確認し，見直しを行う必要もある。このような措置を行う必要性については，厚労省カスハラマニュアル40頁における以下の指摘が参考となる。

　　カスタマーハラスメント対応と企業内でのハラスメント対応との大きな違いとして，カスタマーハラスメント行為の場合，未然防止やハラスメント行為者に対する直接的な措置が直ちに行いづらい点があります。

　　企業内でのハラスメント対応においては，トップメッセージや社内研修等により，ハラスメント行為について未然防止の働きかけを行うことができます。また，ハラスメント被害を受けた従業員が会社に相談し，相談内容がハラスメントに該当すると判断されれば，行為者に対して指導・懲戒等の適切な措置を取ることができます。

　　これに対し，カスタマーハラスメントにおいては，顧客等に対しハラスメント行為について未然防止の働きかけを行うことは企業内の対応に比べると容易でなく，顧客等による行為が社内でハラスメントだと認定されても，会社と顧客等との間に雇用関係がないため，出入り禁止や行為の差し止めといった直接的な措置を取るには利用規約（定型約款）や裁判などが必要なケースもあり，一工夫が必要となります。

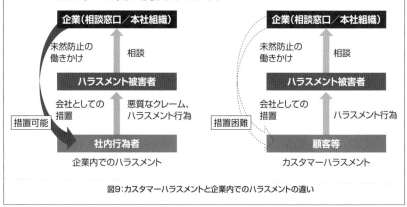

図9：カスタマーハラスメントと企業内でのハラスメントの違い

（出典：厚労省カスハラマニュアル40頁）

　厚労省カスハラマニュアルにおける指摘にもあるように，事業者と顧客との契約において，事業者側に認められる権利が，雇用契約などの場合と比べて決して広範なものではない。したがって，顧客側の行為について契約上何らかの対応を行うとすれば，カスタマーハラスメントに対して事業者が対応を行い得るとの条項（カスハラ条項）が契約締結の段階で定められていなければならない。

　なお，厚労省カスハラマニュアルにおいて明示的な指摘はないが，カスハラ条項の有無は，カスハラに起因して従業員が負傷したり，精神的損害を被ったりした場合における，企業側の安全配慮義務との関係でも考慮される可能性がある（第1編第4章**2**(2)参照）。裁判例においては体制面や設備面における企業側の措置が十分であったか争点となる事例が見受けられる[注1]が，カスハラ顧客との間での行為の停止請求や契約解除が可能な条項が置かれていたかという点も体制整備の一事情として主張する余地があるだろう。

2　見直しの観点

(1)　現行の契約書・約款における対応の検証

　見直しに際してまず行うべきは，現行の契約書や約款に基づいてカスハラへの対応が可能か，可能であるとして，どの程度の措置が可能かという点の確認である。例えば，国土交通省が策定した一般乗用旅客自動車運送事業標準運送約款[注2]においては，以下のような条項が用意されている。

【一般乗用旅客自動車運送事業標準運送約款】
　（運送の引受け及び継続の拒絶）
　第4条　当社は，次の各号のいずれかに該当する場合には，運送の引受け又は継続を拒絶することがあります。

（注1）　東京地判平30・11・2 LLI/DB判例秘書，ウエストロー（事件番号：平29(ワ)29254号）
（注2）　同業界では，国際自動車株式会社が2016年2月にいち早く乗客からのハラスメント行為に対処するために約款変更を行い，関東運輸局管内においてだけでも当時430社超がこれに追随したとされている（NHK「クローズアップ現代＋」取材班『カスハラ　モンスター化する「お客様」たち』175頁以下（文藝春秋，2019年））。

> （略）
> ⑶　当該運送に関し，申込者から特別な負担を求められたとき。
> ⑷　当該運送が法令の規定又は公の秩序若しくは善良の風俗に反するものであるとき。
>
> （略）

　以上の条項に基づけば，顧客から金銭要求等が行われた場合には同約款4条3項の「特別な負担を求められた」場合に該当するとして運送を拒絶することが可能と考えられる。また，通常の速度で走行していては不可能な到着時間を要望する顧客については，法定速度に反する運送は不可能であるとして，同約款4条4項に基づき拒絶することも考えられるだろう。

　また，今日ではほぼ全ての契約書において用意されている，反社会的勢力の排除に関する条項（反社条項）を活用することも考えられる。反社条項の主目的は，いわゆる暴力団等の排除にあるため，全ての契約書や約款における反社条項がカスタマーハラスメントへ対応可能な内容となっているとは限らない。しかし，例えば以下のような条項が置かれている場合には，カスハラにおける不当要求や脅迫的言動等を理由として契約の解除等の対応も考え得るところである。

【暴力団排除条項の文例】
3　甲は，乙が自ら又は第三者を利用して以下の各号の一にでも該当する行為をした場合には，何らの催告をせず，本契約を解除することができる。
　①　暴力的な要求行為
　②　法的な責任を超えた不当な要求行為
　③　取引に関して，脅迫的な言動をし，又は暴力を用いる行為
　④　風説を流布し，偽計又は威力を用いて甲の信用を棄損し，又は甲の業務を妨害する行為
　⑤　その他前各号に準ずる行為

（出典：公益財団法人暴力団追放運動推進都民センター「暴力団対応ガイド」16頁）

　企業において現在発生しているカスハラ事例に照らして，現行の契約書や約款の内容で十分な対応が可能であると判断するのであれば，無理に契約条項の変更を行う必要はない。その場合に必要なのは，契約解釈を企業内において共有し，カスハラに対する武器として使用するための主張方法を共有することである。

(2)　カスハラ条項の限界

　現行の契約書や約款でカスハラへの対処が不可能，あるいは不十分と考えられる場合には，契約書ひな形や約款にカスハラ条項の追加を検討しなければならない。しかし，カスハラへの対応のためであれば，いかなる条項を追加することも許容されるわけではなく，限界があることにも留意する必要がある。

　まず，消費者契約法上の消費者を相手方とする場合には，カスハラ条項の内容が消費者契約法10条に反しないものか注意しなければならない。

【消費者契約法】

（消費者の利益を一方的に害する条項の無効）

第10条　消費者の不作為をもって当該消費者が新たな消費者契約の申込み又はその承諾の意思表示をしたものとみなす条項その他の法令中の公の秩序に関しない規定の適用による場合に比して消費者の権利を制限し又は消費者の義務を加重する消費者契約の条項であって，民法第1条第2項(注3)に規定する基本原則に反して消費者の利益を一方的に害するものは，無効とする。

　また，不特定多数の顧客を相手方とする業種において約款や利用規約の改訂を行う場合には，民法上の定型約款に関する規制に反してはならない。カスハラ条項追加の場面で問題となり得るのは，民法548条の4第1項2号の規定であろう。

（注3）　民法1条2項「権利の行使及び義務の履行は，信義に従い誠実に行わなければならない。」

【民法】

（定型約款の変更）

第548条の4　定型約款準備者は，次に掲げる場合には，定型約款の変更を
　　することにより，変更後の定型約款の条項について合意があったものとみ
　　なし，個別に相手方と合意をすることなく契約の内容を変更することがで
　　きる。

　一　定型約款の変更が，相手方の一般の利益に適合するとき。

　二　定型約款の変更が，契約をした目的に反せず，かつ，変更の必要性，
　　　変更後の内容の相当性，この条の規定により定型約款の変更をすること
　　　がある旨の定めの有無及びその内容その他の変更に係る事情に照らして
　　　合理的なものであるとき。

　　　　　　　　　　　　　　　　　　　　　　　　　（略）

　いずれにせよ，カスハラに対する昨今の社会情勢や，厚労省カスハラ指
針・厚労省カスハラマニュアル等が策定されていることを鑑みれば，カス
ハラ条項の追加自体が直ちに信義則や契約の目的に反することはないもの
と考えられる。問題となり得るのは，追加するカスハラ条項の内容が，カ
スハラへの対応という関係で相当性を持つか，すなわち必要十分な規定で
あるか否かという点である。

　例えば，可能な限りカスハラへの対処権限を強くしようとするあまり，
「企業側がカスタマーハラスメントに該当すると判断した場合には，これ
を解決するための措置を求めることができる」といった裁量の極めて広い
条項を置くことは，上記規制に反する可能性がある。カスハラ条項を追加
する場合には，顧客に対して禁止する行為，及び，違反の場合の効果を明
確に定めた上で，その内容がカスハラによる被害を抑止するという観点か
ら必要十分であるか検証しなければならない。

(3)　従業員が使いやすい条項の工夫

　カスハラ条項は，現にカスタマーハラスメントが発生している現場にお
いて活用できる，明確な規定ぶりでなければならない。

　例えば，事業者が所有する建物において顧客が暴れたというような場合には，施設管理権（所有権）に基づいて行為の停止や，建物外への退去を求めることも可能と考えられる。

　しかし，従業員が顧客に対し，「あなたの行為は契約当事者として本店舗内において許容され得る範囲を超えるものであり，施設管理権者たる当社としては退店を求めるものです」と淀みなく主張できるかというと，現実的な話ではない。

　これに対し，従業員が端的に契約上の具体的な条項に違反していると主張できる場合には，現場における「判断のしやすさ」が段違いである。顧客の行為が契約上の定めに反しているという事実は，従業員に自らの主張が正当なものであるという自信を与えるものであり，カスタマーハラスメントに対する毅然とした対応を勧奨することにもつながる。

3 具体的な条項の検討

　それでは，契約書や約款にカスハラ条項を追記する場合，具体的にはどのような条項を作成するべきか。具体的にいかなる条項を置くべきであるかという点については，個々の業種により千差万別であり，一概に示すことはできない。そこで，ここでは具体例をもとに作成方針のエッセンスを解説したい。

　まず，ここまで確認してきたように策定のポイントは，①現在の条項では対処できない行為について，②民法・消費者契約法等の強行法規に違反しないよう禁止行為とこれに対する対処のバランスを取った上で，③現場の従業員・顧客にも明確にその意味が理解できる条項を置くことである。

　以上のポイントを踏まえて，具体例として日本野球機構（NPB）の試合観戦契約約款（以下「NPB約款」という。）を確認してみよう。NPB約款では，観戦客への禁止行為及びこれに対する措置として，以下のような定めが見受けられる。

【試合観戦契約約款（NPB約款）】

第8条（禁止行為）

何人も，主催者の許可を得ることなく，以下の行為を行ってはならない。

(1)　正規入場券により指定された座席以外の座席を占拠し，又は，通路，階段，出入り口等でたむろしもしくは観戦する行為

(2)　自らの試合観戦に不要な自由席や立ち見エリア等を確保する行為

(3)　フラッシュ，光線，その他これらに類するものを使用した試合妨害の虞のある行為

(4)　球場の施設及び物品の毀損行為

(5)　物品販売，宣伝広告，アンケート又はチラシの配布その他これらに類する行為

(6)　他の観客及び監督，コーチ，選手，主催者及びその職員等，販売店その他の球場関係者への威嚇，作為又は不作為の強要，暴力，誹謗中傷その他の迷惑を及ぼす行為

(7)　座席の確保，応援，観戦その他に関し他の観客に対し金品その他の利益を求める行為

(8)　グラウンドへの乱入，客席，コンコース，グラウンド等への物品の投げ入れ，フェンス，ダグアウト，柵，手すり，ネット等へのよじ登り又はぶら下がり行為，グラウンド内に身を乗り出す行為，その他自己又は他人の生命，身体，財産に危険を及ぼす虞のある行為

(9)　グラウンド，バックスクリーンその他の立入禁止場所への立入行為

(10)　宴会，パーティ，賭博，麻雀，その他試合観戦にふさわしくない行為

(11)　みだりに球場外で気勢を上げ騒音を出す行為

(12)　球場管理者の定める球場管理に関する規則又は球場での掲示その他の方法で告知された注意事項に違反する行為

(13)　試合の円滑な進行又は他の観客の観戦を妨げ又は妨げる虞のある行為

(14)　入場券を犯罪の用に供する行為

(15)　ボール等の追いかけ，その他理由の如何を問わず，他の観客に損害を及ぼしうる行為

(16)　主催者の職員等の指示に反する行為

2　前項の規定に違反した者（団体の場合はその構成員全員。本項において以下同じ）又は主催者の職員等がこれに準じた相当の理由があると判断した者は，身分証明書の提示，顔写真の提示その他主催者の職員等の指示す

る事項に従わなければならない。

（略）

第10条（退場措置）

　主催者は，以下の各号の一に該当する観客につき，試合中その他如何なる場合でも，球場から退場させる。但し，当該観客が，速やかに退場事由を解消し，かつ，他の観客に対する迷惑の程度が軽微と認められる場合，主催者は退場を猶予することがある。

(1)　第3条の販売拒否事由に該当する者である場合

(2)　第5条1項の持込禁止物を球場内に持ち込んだ場合

(3)　第6条の入場拒否事由に該当する者である場合

(4)　第8条の禁止行為に違反した場合

(5)　第9条に基づく許可を得た者又は団体が，その許可の範囲を逸脱し又は許可に付された条件に反する行為を行った場合

(6)　主催者の職員等による指示を遵守しない場合

(7)　その他前各号に準じる退場事由があると主催者が判断した場合

2　主催者が退場を相当と認める場合において，主催者の職員等の退場要求にもかかわらず観客が退場をしない場合，主催者は，警察へ通報し又は相当と認められる限度で退場を促すための措置を講じることができる。

（注）　下線は筆者加筆

　NPB約款においては，8条1項6号において，選手や球場関係者等への「威嚇，作為又は不作為の強要，暴力，誹謗中傷その他の迷惑を及ぼす行為」が禁止されている。NPB約款10条1項によれば，観客がこのような行為をした場合には原則として球場から退場となるが，観客が速やかに行為を中止し，かつ，迷惑の程度が軽微と認められる場合には，退場を猶予するものとされている。

　このような約款の規定は，迷惑行為として具体的に「強要，暴力，誹謗中傷」という例示を行っていることからして，禁止行為について一定の予測可能性がある。そして，NPB約款10条1項の定めからすれば，このような行為の程度が甚だしい場合にのみ退場措置を行う趣旨であると読み取ることができるから，同趣旨の約款を新たに規定する場合でも，消費者契約法や定型約款の規制に反するものではないと考えられる。

　しかし，実際に現場でこの規定をカスハラに対し運用しようとする場合には，一定の困難に直面するものと思われる。例えば，ビールの売り子に対して，要求や暴力を行うわけでもないものの，執拗に話し掛けてくるといった観客の行為は禁止事項に該当するだろうか。売り子からすれば過剰な会話に付き合わされることは業務の妨害に他ならないし，観客との会話はサービスではあっても本来的な業務内容ではない。

　しかし，現行のNPB約款の規定でこれが禁止行為に該当すると主張するためには，「その他の迷惑を及ぼす行為」に含まれると解釈するしかない。当然ながら観客は「何が迷惑なのか」と反論するだろうから，押し問答にしかならないだろう。売り子自身にも「そもそも迷惑行為とは何なのか」という疑問が生まれ，その場を立ち去ったりすることが許されるのか，判断に迷うことが予想される。

　つまるところ，現行のNPB約款8条1項6号は，暴力等の「分かりやすい迷惑」を伴わないカスハラへの対応という観点からは，使える条項ではないということである。これに対し禁止条項に「執拗に話しかける行為」などという例示が入っているだけでも，現場対応の容易さというのはかなり違ってくる。こういった，既存の条項では捉え切れない，あるいは判断が付かないカスハラについて現場の問題意識を吸い上げた上で，具体的に条項へ反映するという作業が重要となる。

　なお余談となるが，興味深いのはNPB約款が試合の運営や観戦に関する禁止事項については理想的といえるほどに具体的かつ明確に記載されているという点である。野球界における長年の蓄積の反映といえるだろうが，これに対し従業員を対象とする禁止事項については，たった1つの条項で済まされてしまっている点は示唆的である。NPB約款10条1項本文ただし書が「他の観客に対する迷惑の程度が軽微と認められる場合」と，厳密には従業員の迷惑の有無や程度というのは問題とされていない規定ぶりとなっている点についても，意図的ではないだろうが，カスハラに対する視線の弱さを感じさせるところである。契約書や約款を見直す際には，こういった，従業員を守るという視線の無意識の欠落が無いかという点にも留意する必要がある。

第 **5** 章　厚労省カスハラマニュアルの留意点

1　カスハラ対策を中心となって進める組織について

　厚労省カスハラマニュアル24頁において，「カスタマーハラスメント対策を中心となって進める組織」を設置し，基本方針や対応方法・手順の作成，教育や周知，再発防止策の検討・実施に取り組むべき旨が記載されている。

〈図表15　カスタマーハラスメントに関わる内部手続の流れの例〉

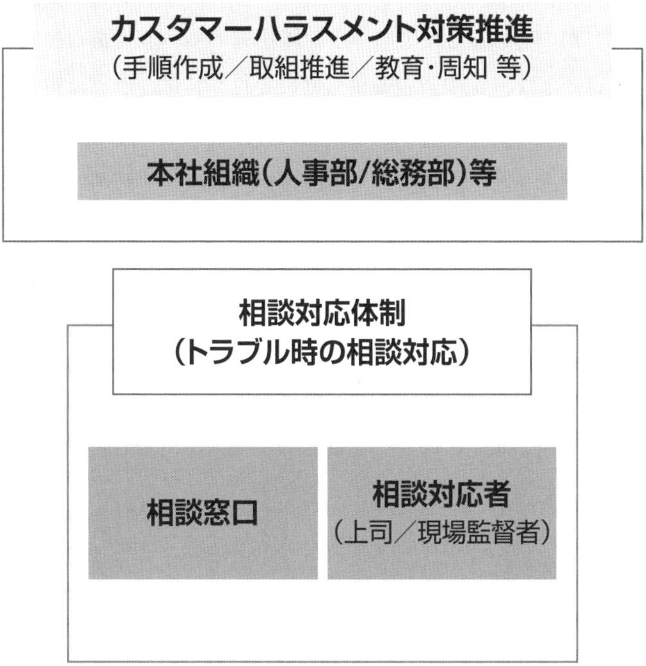

カスタマーハラスメント対策推進
(手順作成／取組推進／教育・周知 等)

本社組織(人事部/総務部)等

相談対応体制
(トラブル時の相談対応)

相談窓口

相談対応者
(上司／現場監督者)

（出典：厚労省カスハラマニュアル24頁）

　要するに，前述した①事例の蓄積，分析，②カスハラマニュアルの策定，改定，③研修の実施，などを主導する「カスハラ対策を中心となって進める組織」を設置しましょう，ということである。

　それでは，この組織はどのように設置すべきか。この点，厚労省カスハラ

マニュアル24頁においては，「本社組織（人事労務部門，カスタマーサービス部門，法務部門など）が中心となって対策推進チームを設ける」旨記載されている。

そうはいっても，実際には，新しくカスハラ対策推進チームを設けることは人的資源から難しい企業も多い。よって，既存のどこかの部門が中心となって，必要に応じて他の部門と連携するという方法が現実的である。

この点，既存のどこの部門が中心になるべきかがわからないために，カスハラ対策を進めることができていない企業が散見される。

結論から述べると，前述したとおり，カスハラ対応は，法的判断を伴うものであり，「裁判外交渉」そのものであるから，法務部門（法務部が無い場合には法務担当者）が中心になってカスハラ対策を進めるべきである。

なぜならば，まず，①事例の蓄積，分析を行うには，事実認定（証拠の選別，評価），責任の有無の判断，損害の有無，損害額の判断という，まさに「法的判断」が必要となるからである。それを踏まえて，予防策としての②カスハラマニュアルの策定，改定，③研修の実施をすることになるが，それらの業務も「法律知識・法的思考」が必要となる。

この点，本書においては，本社の相談担当者も法務部（法務部が無い場合には法務担当者）とすべき旨提案している（第3編第3章**2**参照）。

これによって，⓪具体的な事案への相談対応，①事例の蓄積・分析，②カスハラマニュアルの策定・改定，③研修の実施，と一貫して対応することが可能となる。

ただし，もちろん，人事労務部門やカスタマーサービス部門との連携も必要となる。

まず，安全配慮義務の問題や配置転換の問題は人事部労務部門と連携して対応すべきである。具体的には，会社として，安全配慮義務違反を避けるためにどこまでの措置を講じるべきか，また実際にカスハラ被害にあった従業員を配置転換すべきか否か，などについては法務部門と人事労務部門が協議の上で検討すべきである。

次に，カスタマーサービス部門との連携も不可欠である。むしろ，顧客等と直接接触する機会が多いのはカスタマーサービス部門である。したがって，

顧客等からの「聴取」の方法について協議する必要があるし，謝罪の仕方（道義的責任と法的責任の区別）なども連携しておく必要がある。また，カスタマーサービス部門は必ずしも法律に詳しい者が担当しているとは限らない。したがって，従前のカスタマーサービス部門の対応の仕方が実は法的には正しくなかった，などもあり得る。そこで，定期的に法務部門とカスタマーサービス部門とで会社の対応方針を協議，策定し，カスハラマニュアルに落とし込むことが重要である。

② BtoB企業もカスハラ対策が必要であること

よくある誤解として，「カスハラはBtoC企業の問題でBtoB企業には関係ない」というものがある。

しかし，厚労省カスハラ指針や厚労省カスハラマニュアルにおいても，カスハラの対象に取引先を含むことを明記しており，いわゆる「BtoC」企業以外の「BtoB」企業においてもカスハラ対策を講じる必要がある。

とりわけ，厚労省カスハラ指針の以下の記載に注目すべきである。

7　事業主が他の事業主の雇用する労働者等からのパワーハラスメントや顧客等からの著しい迷惑行為に関し行うことが望ましい取組の内容

　事業主は，取引先等の他の事業主が雇用する労働者又は他の事業主（その者が法人である場合にあっては，その役員）からのパワーハラスメントや顧客等からの著しい迷惑行為（暴行，脅迫，ひどい暴言，著しく不当な要求等）により，その雇用する労働者が就業環境を害されることのないよう，雇用管理上の配慮として，例えば，⑴及び⑵の取組を行うことが望ましい。

（出典：厚労省カスハラ指針。下線は著者加筆）

上記下線部を見ればわかるとおり，「顧客等からの著しい迷惑行為」（BtoC）よりも前に，「取引先等の他の事業主が雇用する労働者又は他の事業主（その者が法人である場合にあっては，その役員）からのパワーハラスメント」（BtoB）が記載されている。このことからも，BtoB企業のカスハラ対策実施の必要

性の高さがよくわかる。

　さらに，厚労省カスハラマニュアル7頁においても，「顧客や取引先など（以下「顧客等」）」としており，当然に，カスハラの対象に取引先を含むことが明記されている。

　そして，厚労省カスハラマニュアル44頁においては，自社従業員が取引先等からハラスメント被害を受けた場合の対応が記載されている。具体的には以下のとおりである。

【自社従業員が取引先等からハラスメント被害を受けた場合の対応】

> ①　自社従業員から相談を受け，事情を確認する
> ②　事実確認を行うため，取引先に協力を依頼する
> ③　取引先と共同で，ハラスメント行為が疑われる取引先従業員から事実確認を行う

（出典：厚労省カスハラマニュアル44頁）

　なお，厚労省カスハラマニュアルにも記載のあるとおり，当該事案への対応だけではなく，その後に同様の事案が発生しないように対策を行うことも重要である。具体的には，取引先に対しカスハラ防止の措置を要請するとともに，自社において相談窓口の周知徹底，カスハラマニュアルの周知徹底をすべきである。

　その後も自社従業員に対し，カスハラを何度も繰り返す企業に対しては，正式にカスハラを止めるよう書面にて要求し，それでもなお止まない場合には，企業としてそのような企業との取引を解消することも最終的には検討すべきである。

❸　自社従業員のカスハラ「加害」行為の防止について

　前述のとおり，厚労省カスハラ指針や厚労省カスハラマニュアルにおいても，カスハラの対象に「取引先」を含むことが明記されている。

　そこで，前項においては，自社従業員が取引先からカスハラ「被害」を受

けた場合の対応について説明したが，逆のケースも検討しておかなければならない。すなわち，自社従業員が取引先に対しカスハラ「加害」行為を行うケースである。

　自社従業員がカスハラ「加害」行為を行っていることを企業が認知するケースとしては，以下の二つがある。

　①　自社が自社従業員のカスハラ「加害」行為に気付いた場合
　②　取引先から自社従業員のカスハラ「加害」行為に関する通報があった
　　　場合

いずれにせよ，まずやるべきことはカスハラ「加害」行為があったのか否か，事実関係の確認である。

　事実関係の確認方法として，一方当事者である自社のカスハラ「加害」行為者への聴取だけで済ませていけないことは当然である。カスハラ「被害」を訴えている取引先従業員からも聴取を行い，取引先を通じて詳しい経緯を確認すべきである。また，関係者の話だけでは，認識に齟齬があり，真偽不明となることも少なくない。したがって，客観的証拠との整合性なども確認すべきである。

　仮に自社の従業員によるカスハラ「加害」行為が認められた場合には，自社内における懲戒処分も検討する必要があるため，とりわけ慎重に事実関係を確認すべきであり，場合によっては弁護士に調査を依頼すべきである。

　なお，取引先へのカスハラ「加害」行為として，わかりやすい類型は暴行や暴言であるが，それだけに限らない。特に下請関係など，自社が優位に立つ場合には，例えば，以下のようなカスハラ加害行為がよくみられるので注意されたい。

第3編　厚労省カスハラマニュアルを踏まえ企業がやるべきこと

【自社従業員の取引先へのカスハラ加害行為例】

　①　暴行や暴言を伴う要求
　②　必要性のない長時間の電話や深夜休日の呼び出し，電話
　③　個人的な見返りの要求（金銭だけに限らず，接待やサービスの要求も含まれる）

　④　私的な雑用処理の要求（家事を手伝うことの要求，送り迎えの要求，自分が
　　　やるべき仕事の押し付け等）
　⑤　自身が好む性別の従業員が担当することを要求（特に合理的理由もなく取
　　　引先担当者を女性に変更することを要求する等）

　この点，厚労省カスハラマニュアル43頁にもあるとおり，「業務の発注者，
資材の購入者等，実質的に優位な立場にある企業が，取引先企業に過大な要
求を課し，それに応えられない際に厳しく叱責する，取引を停止することや，
業務とは関係のない私的な雑用の処理を強制的に行わせることは，<u>独占禁止
法上の優越的地位の濫用や下請法上の不当な経済上の利益の提供要請に該当
し，刑事罰や行政処分を受ける可能性があ</u>」る。

　したがって，とりわけ自社が優位な立場に立つ取引先に対して，カスハラ
「加害」行為を行わないよう，企業として対策に取り組む必要がある。

　なお，厚労省カスハラマニュアル43頁に具体的な取組例として，以下のと
おり記載されているので参考にされたい。

【取引先と良好な関係を築くための好事例】

　・取引先はパートナー企業，取引先からの派遣従業員はパートナー従業員と
　　呼び，自社従業員と同様に扱っている。
　・会社として，各取引先にアンケートを実施している。回答企業は無記名と
　　し，「自社の社員が暴言をはいていませんか」等の設問を設け，問題のあ
　　る部署にはヒアリングを行うようにしている。
　・企業の行動指針として，「取引先との関係」の項目を設け，自社従業員に
　　他社従業員への接し方の注意について周知している。
　・被害者だけでなく，加害者にならないよう，コンプライアンスという観点
　　で教育している。また，Ｅラーニング等を通して商習慣の中で過度な要求
　　がないよう，取引先への伝え方等について指導している。

（出典：厚労省カスハラマニュアル43頁）

第**4**編

業界別カスハラ対応ケーススタディ

第**1**章　小売業界

1　小売業界のカスハラの特徴

⑴　「モノ」と「ヒト」に分けた思考方法が必要であること

　　小売業におけるカスハラは取扱商品や価格帯，顧客層，営業時間等によって多種多様であるが，大きく分けると「モノ」が原因となるケースと，「ヒト」が原因となるケースに分類できる。前者は商品に欠陥があるといった主張，後者は店員の対応が気に入らなかったといったような主張である。

　　「モノ」が原因となるケースでは，顧客の受けている損害が分かりやすい。商品に欠陥があるという主張であれば，欠陥の有無を確認し，交換すれば顧客の損害は消える。その対応を基本線として，欠陥に関する主張が事実ではなかった場合や，返品・交換を行ってもなお要求をやめない場合にはカスハラ対応に切り替えるといったような対応フロー（飽くまでも一例であることに留意されたい）が策定しやすい。その意味では，苦労することはあっても，何を実行するかという点で迷うことは少ないように思われる。

　　他方，小売業において特に顕著であり，悩みも多いのは「ヒト」が原因となるケースである。この場合，多くのケースでカスハラ顧客が主張するのは，「気分を害したから対応（謝罪）しろ」，「客なのだから言うことを聞け」というレベルの，何ら当人が損害を被っていないような主張である。その意味で法的に恐れるべき主張ではないのだが，反面として個人の価値観に帰着する問題であるから，「解決」を目指すと対応に非常に苦慮する。

本書でも繰り返し述べているように，こういったクレームに対しては，解決ではなく，こう着状態の構築を目指すべきである（第1編第1章**5**，第1編第2章**7**参照）。「モノ」に関するクレームとは別段の考慮が必要であることを意識して方針を構築しておかなければならない。

(2)　現場従業員への直接接触がなされること

　店舗において営業を行っている小売業の場合，顧客は当然ながら現に店を訪れているし，後から再訪することもできる。このことが何を指すかというと，顧客はクレームに対応した従業員に直接接触できるということである。

　カスハラ対応の観点から，これほどリスクの大きい状況はない。直接接触がなされると，顧客と従業員以外の第三者が介入するタイミングが減少する。そうすると，組織的対応を行うことができず，従業員個人の判断に基づく，企業としての立場からそれた対応がなされる可能性が高まる。最悪の場合には，企業としてはそもそもカスハラが発生しているということ自体を把握できていないまま，被害だけが発生し続けるということもあり得る。このような場合に最終的なリスクを負うのは，カスハラによって人的資源をいたずらに奪われ，従業員とも労働関係上の責任を生じ得る企業にほかならない。

　したがって，現場従業員には少なくとも「この場面では自分限りで対応してはならない」と判断することができる程度のカスハラ対応能力を習得させる必要がある。特に小売業においてはホスピタリティが顧客誘引力に直結するものであるから，熱心な従業員であればあるほど，組織的対応への引継ぎ基準を甘く見積もりかねない。したがって，企業側としては明確かつ，多少早すぎる程度の基準を設定し，現場従業員限りでの対応がなされる余地を可能な限り小さくする必要がある。

2 小売業界のケーススタディ

・「モノ」へのクレームの場合には対応基準が設定しやすい。したがって，対応基準の破壊を行い，特別の対応を受けることがカスハラの目的となるため，その余地を可能な限り少なくすることが必要となる。

・「ヒト」へのクレームに関しては，ひとまず謝罪でスクリーニングを行う。謝罪を行っても納得が得られない場合，それは「損害が発生していないのにクレームが継続されている」という状態である可能性が高いため，対応打切りの方向に動く。

事例1 「モノ」へのクレーム —— 商品の欠陥を指摘された場合

A百貨店のサポートダイヤルに，Bと名乗る人物から，「購入した雨傘が壊れた，不良品だと思うので交換してほしい」という連絡が入った。Bは怒りが抑えられないという様子であり，「普通の使い方をしているのに使えなくなるなんてありえない」，「すぐに対応しろ」と怒鳴り声を上げている。

① A百貨店としてはどのように初動対応を行うべきか。

② A百貨店はBから現物の提出を受け，調査を行った。その結果，商品に欠陥は見受けられなかった。また，メーカーに問い合わせたところ当該商品の耐用年数は3年とされていたが，Bが傘を購入したのは10年以上前であった。これらのことから，雨傘の破損は経年劣化によるものであり，交換基準には該当しないと判断してBに通知したが，Bは納得せず毎日のように架電を繰り返してくる。A百貨店としては，どのように対応を行うべきか。

(1) 初動対応

前述したように，「モノ」へのクレームがあった場合には，現品の調査・確認が必須であり，かつ，それは方針確定に有効な手段である。した

第4編 業界別カスハラ対応 ケーススタディ

がって，まずはBから雨傘の提出を受けることを目標に対応を行うべきである。

　もっとも，Bはかなりの怒りを見せており，提出を受けることは容易ではないように思われるため，ここで従業員に方針の迷いが生じる。つまり，「解決＝クレームの終息」のためには提出を受けなければならないが，提出のためには「解決＝顧客の納得」を約束しなければならないのではないか，という混乱である。

　企業側の責務は，従業員が迷いなく対応できるよう，小目標を設定することである。従業員は「解決」など考える必要はなく，小目標を達成さえすればよいという状態にしておくのである。例えば前もって企業内において，現物の確認ができない場合には交換に応じないというルールを設けておけば，従業員としては「商品確認ができなければ交換はできないという規則になっています」と述べて，二者択一を顧客に対して迫ることができる。(注1)

　読者の中には，もしかしたら商品に欠陥が存在する可能性のある状況下で二者択一を迫ることがリスクであると感じる方もいるかもしれない。しかし，この条件提示自体は何ら顧客の側に損害をもたらすものではないのだから，条件を拒否するということ自体，顧客が不当クレーマーであることを推認させる。言い換えれば，マトモな顧客であればまず拒否しないだろう，という条件を提示するのであれば問題はない。更に言えば，裁判外の場ですら証拠を提示できない顧客が，高度の証明を要する法的手法に打って出る可能性は極めて低い。

　以上から，A百貨店としては，交換基準をBに対して説明し，調査・確認を行わせてもらいたいと依頼することになる。Bがこれに応じなかったり，道義上の謝罪を行っても怒鳴り声を上げ続けたりする場合には，「社内ルール」を理由に対応を打ち切って差し支えない。

（注1）　無論，現物が無い場合には写真やレシートの提出を求めるなど，もう少し幅のあるルールは存在してもよい。重要なのは，初期対応において何を行うか，従業員にとって明確であるという状態を作ることである。

(2) 回答への納得が得られない場合

　民法上，契約不適合責任[注2]に関する請求権の時効は引渡しから10年とされているから，その意味では商品に欠陥があろうがなかろうが，A百貨店側に交換に応じるべき義務はない。

　もっとも，そのように画一的な対応を行うことも営業面から問題があるだろうから，企業においては交換対応に関する基準を設定し，その中に期間制限を入れ込むという形を取っているケースが多いものと思われる。したがって，基本的には，当該基準に沿った回答を行うことで問題はないだろう。

　しかし，本事例のように常識はずれの要求を行ってくる顧客に関しては，基準どおりの回答を行っても「誠意がない」，「客のせいだと言うのか」といった理由で不満を述べ続けることが多い。ここでも重要なのは，「解決」を目指さないことである。この段階においては，顧客のクレームは，要求内容において不当であり，Bのように毎日電話をかけ続けるというのは手段・態様も不当である。

　そこで，A百貨店としては，交換基準に該当しない旨の説明を尽くした後も架電が継続する場合には，Bに対して今後は電話に応じない旨を告げることになる。それでも架電が止まない場合には，自社名義や弁護士名義での書面通知を行って対応を正当化する証拠作りを行い，以後電話に一切出ないということになる。対応打切りを行う場合のリスクは，A百貨店側の交渉意思を問わない解決方法，つまり訴訟手続をBが行う可能性があることだが，前述のように契約不適合責任の期間は経過しており，証拠にも乏しいものと考えられる。よって，このリスクは小さいものと判断できる。

（注2）　2020年施行の民法改正前は瑕疵担保責任と呼称されていたものである。改正に伴い，期間制限に関する規律にも細かな変更があったが，いずれにせよ引渡しから10年間権利行使が無ければ，消滅時効の援用が可能であるという点に変わりはない。この点の詳細については，筒井健夫＝村松秀樹『一問一答　民法（債権関係）改正』（商事法務，2018年）40頁，41頁参照。そのほか民法改正を扱った書籍を参照されたい。

事例2 「ヒト」へのクレーム — 説明に誤りがあった場合

家電量販店であるＣ店において，販売員Ｄがカメラの説明をしていたところ，その説明を受けていたＥが「説明内容が間違っている」とクレームを述べた。

ＤはＥに対して謝罪と訂正を行ったが，「私はメーカーで働いているので，こういったプロ意識のないことは許せない」と納得せず，「Ｃ店としての公式の見解を示せ，それまでは帰らない」と詰め寄ってきた。

Ｃ店及びＤとしてはどのように対応を行うべきか。

(1)　顧客Ｅの主張の分析

本事例のように，企業側が何らかのミスをしたことに対し指摘を受けた場合には，ひとまず謝罪を行うことは必須となる。そのミスが一目瞭然であればミスを認めて謝罪し，調査が必要な場合であってもひとまず道義的謝罪を行うことになるだろう。

もっとも，顧客Ｅの指摘が正しかったとしても，販売員Ｄの誤った説明によりＥに何らかの損害が出たというものではない。したがって，謝罪・訂正以上のものを求めるというのは不当な要求である。謝罪を行った以降も要求を継続するＥの主張は内容不当のクレームであると解釈してよい。Ｄとしては責任者に連絡して複数人での対応に切り替えるべきである。Ｃ店として，事前に「ミスがあった場合でも不当なクレームには毅然と対処する」という方針を曖昧にしていると，ミスをした当人である従業員としては，負い目に付け込まれて延々と追及を受けることになってしまうので注意を要する。

(2)　どのような対応を行うか

Ｅはいわゆる「世直し型」のクレーマーである。正義感が原動力であるため，説得を行うことは難しいと考えた方がよい。正確にいえば，時間を掛けて話し合えば満足する可能性もあるが，企業にとってはとてつもない

コストとなるし，謝罪を行っても納得しない相手に対して，そのような対応を行う必要性もない。最終的には現場から排除する方向で方針を定めておくべきだろう。

民法555条は「売買は，当事者の一方がある財産権を相手方に移転することを約し，相手方がこれに対してその代金を支払うことを約することによって，その効力を生ずる。」と定めている。このことからすると，小売業において売買契約が締結されるのは，（会員制の店舗でもない限りは）商品をレジに通して代金が表示され，代金を支払った段階であると考えられる。それ以前の段階においては，店側は基本的に売買契約の誘引を行っているにすぎない。

したがって，このタイミングでC店がEを顧客として扱う契約上の義務は存在しない。つまり，謝罪を行っても食い下がり続けるようであれば，「あなたには商品を販売しないのでお帰りください」と申し述べることも差し支えない(注3) Eが応じない場合，C店は店舗の施設管理権に基づいて退去を命じることが可能である。これを拒否する場合には，刑法上の不退去罪（刑130条）に該当し得るという理由で，警察への通報も考えられる。

（注3）　契約を締結するか，しないかという選択が可能な段階というだけであり，虚偽や誤りに基づく説明を行うことや，著しく不当な対応を行うこと自体が正当化されるわけではない。そのような説明を行った場合には契約締結前の段階であっても，信義則上の説明義務違反（民1条2項）を生じる可能性がある。

第2章　食品業界

1　食品業界のカスハラの特徴

(1)　商品が消滅すること

　どのような業種であっても，商品に関するクレームを受けた場合には，まず当該商品を回収し検査することが必須である。しかし，食品は当然のことながら消費すると消えてしまうので，「既に食べた／飲んだ」という場合（または，そのように主張された場合）には現物の調査が実施できない。

　例えば，顧客が体調不良を訴えている場合には，病院の診断書を求めることで一定の検証ができる。しかし，主観面に依存するクレーム（「味がおかしい」など）の場合には，実際に商品や写真がなければ検証の方法がない。言い換えれば，悪質クレーマーに対する「証拠を出せ」という反論が通用しないのである。そうはいっても，一律に「証拠がないので対応できない」と対応することには，商品の欠陥や改善点を見逃すことになる可能性があるばかりか，正当なクレームを行った顧客に悪印象を与え，企業・商品イメージにも影響を及ぼし得る。

　このようなジレンマの中で，従来のクレーム対応では，性善説に立った上での一律対応が行われてきたケースも多いと考えられる。例えば，商品に欠陥があったというクレームがあった場合には，現品は無くとも購入した証拠（レシートや写真など）があれば返金を行い，謝罪するといった対応である。これは，第一次の対応方針としては決して不合理なものではない。無論，思考停止的に返金を行うということは避けるべきであるが，食品業界においては商品単価が比較的安価であることが多く，一律対応による金銭的リスクは小さい。これに対し，個々のクレームに対応する場合の人的リソースは多大なものであるから，営利企業として，労力を排し小さなリスクをあえてとるというのは，合理的な判断であるとすらいえる。

　しかし，本書において繰り返し述べているとおり，カスハラを行う顧客の目的は精神的充足性にあることも多い。そういった顧客は一律の返金対

応のみでは納得せず，要求を繰り返すことがある。現代的なカスハラ対応において検討されなければならないのは，こういった従来の枠組みでは捉えられない顧客への対応を，どのように行うべきなのかという点である。

(2)　顧客の主観面も踏まえて対応をする必要があること

　食品は基本的に，顧客の主観面（五感，特に味覚）に訴えかけて提供される。電化製品など性能面での客観的基準が存在する商品の販売では，その製品の消費電力が少ないとか，処理能力が高いといった客観的数値が評価基準として機能するが，食品ではそうはいかない。食品メーカーは重量が軽いという点を主戦場とするわけではなく，味を優先し，そこを一番の評価基準として設定する。したがって，食品業は常に，曖昧模糊とした「顧客の感じ方」に配慮して事業を営むことが前提とされている。

　「食の安全」だけではなく「食の安心」への配慮がうたわれるのも，こういった理由である。いくら食品の安全性を担保しようとも，顧客が安心できない，すなわち事業者による「安全である」という説明を信頼できなければ，顧客にとっての商品そのものの評価が下がり，購買意欲が低下する。他業種であっても同様の事態は想定されるが，食品業の場合には特にこのような傾向が強い。

　以上のことは食品業に携わる者であれば，肌感覚として実感していることであると思われる。しかしカスハラ対応の場面においては，この実感が悪用され，過剰対応につながってしまっているケースが散見される。そこで，事業者においては，懸念を訴える顧客に対してどこまでの対応を行うのかという点にも着目した対応基準を設定する必要がある。

2　食品業界のケーススタディ

・商品単価が比較的安く，顧客の数が多い業種であることから，一律の返金対応を行うことのメリットは大きい。ただし，例外的に個別対応を行う基

準を設定しておく必要がある。

・健康被害の訴えがある場合，医師の診断を受けてもらうことは企業側にも対応方針の参考となるメリットがあるので，積極的に勧めてよい。ただし，費用負担については，損害賠償ではなく，「調査のために自社が負担する費用」という位置づけを崩さない。

事　例　「商品を食べて気分が悪くなった」とのクレーム

　菓子製造業者であるＡ社は小売店などを通じて商品を全国的に展開している。ある日，Ａ社のお客様相談室にＢと名乗る人物から電話があった。Ｂの主張によると，Ａ社のスナック菓子（販売価格300円）を食べた後に気分が悪くなってきたという。現品に関しては食べてしまったので残っていないとのことであった。

①　Ｂから治療費の負担を求められた場合，Ａ社としてはどのように対応すべきか。

②　Ｂから商品代金の返金を求められた場合，Ａ社としてはどのように対応すべきか。

③　Ｂが「商品回収をしろ」といった要求を繰り返す場合，Ａ社としてはどのように対応すべきか。

(1)　治療費負担の要求

　Ａ社としては，まずＢに対して病院で診療を受けるように提案する。Ｂが費用について懸念するようであれば，初回の受診料に関しては，領収書と診断書の提出を条件としてＡ社が負担するという旨を約束してもよい。この費用をＡ社が負担するのは，商品に問題があるか否かを調査するためである。そのように考えれば，責任を認めＢの要求を受け入れるわけではないから，後々のカスハラ対応において不利な材料とはならない。言い換えると，「商品に問題があったかもしれないので治療費を負担する」といったような説明は行わないよう留意すべきである。

　Bが受診自体を拒否し，治療費相当額の金銭を要求するようであれば気分が悪くなったという事実の存在すら疑わしい。領収書と診断書の提出を拒否する場合にも同様である。この場合，Bは不当クレーマーである可能性が高いため，A社としては治療費の負担を行うべきではないだろう。

　Bが医師の診断を受け，領収書と診断書の提出があった場合には，事前の約束どおりに当該費用を負担することになる。これに対して医師による診断の結果，異状が見受けられなかったという場合には，診断書が提出されないということであるから，これも事前の約束に従って治療費の負担は行わない。

　慎重な検討が必要なのは，初回診療後に通院が必要となった場合の費用負担である。これは調査費用という名目を超えて，損害賠償の域に達するものであるし，治療費は高額となる可能性もあるため，安易に費用負担に応じることがあってはならない。現品の確認はできないため，その他の事実，例えば同じ商品や原料に関する健康被害等を調査し，それらの事実に基づいて法的責任の有無を判断することになる。

(2)　商品代金の返金要求

　商品代金の返金についても，理想としては治療費と同様，調査の上で返金の必要性が検討されるべきである。しかし，費用の上限を予想することが困難である治療費と異なり，商品代金に関しては既にはっきりとした額が把握できている。つまり，個々の事案について調査を行い責任の有無を判断することのコストと，返金対応を行うことのコストとを比較することができる。このことから，両コストを比較した上で，例えば現品やレシートの確認を条件として返金対応を行うということは合理的な判断である。[注4]

　本事例で対象となっている商品の販売価格は300円であり，返金対応に

（注4）　なお，この場合でも企業が調査を行う必要が無いというわけではない。顧客からのクレームは商品の安全性調査において重要なきっかけであり，返金して終了という態度をとるべきではない。ここで述べている一律の返金対応というのは，つまるところ，調査を返金に先行させるか，させないかという問題である。

要するコストは決して多大なものではない。そこで，Ａ社がＢへの対応に要するコスト比較の結果として（あるいは，そのような対応基準を事前に設定して）Ｂに対し返金対応を行うこと自体は差し支えない。

　もっとも，例外的に一律の返金対応を行わない場合も想定されなければならない。具体的な商品に応じて各種の事情が想定されるものの，例えば返金要求が複数回に上っている顧客である場合には，その回数が増せば増すほど，申告が虚偽ではないかという疑いが強くなる。したがって，この場合には一律に返金を行うのではなく，個別対応を行うべきである。すなわち，顧客の主張するような被害の事実が認められるか，認められるとして，それが自社製品を原因とするものか，という調査を返金対応に先行させて行うことになる。

(3)　商品回収の要求

　商品回収の要求に関しては，基本的に受け入れる必要がない。顧客の不安感自体は理解されるべきものであるし，企業側には食品衛生法上も，適切に調査を行い，その結果を検証して商品回収等のしかるべき対応を行う義務はある。しかし，それは飽くまでも客観的に見て食品の安全性に問題がある場合に行われるべき対応であり，そのような事情が認められない段階で，一顧客の意向に応じて商品回収を行うという対応は適切ではない。さらに，誤解を恐れずいうのであれば，商品回収を行わないことが，当該顧客との間で何らかの義務違反を生じるものではない。

　したがって，Ａ社としては，Ｂに対し，商品回収については調査を経た上で検討することを説明するにとどめるべきである。その上でなおＢが説明に納得せず，繰り返し商品回収の要求を行う場合には，その要求内容が不当であるものと判断して，不当クレームへの対応に移行することになる。ここでＡ社側としてはＢを納得させることを考えるべきではない。Ｂによって所管官庁への通報がなされたり，SNS等による拡散がなされたりした場合に備えたリスク対策，すなわち，十分な調査を行った上で，適切に説明を行ったという証拠を残すという観点からの対応を行うことになる。

第3章　介護業界

❶　介護業界のカスハラの特徴

(1)　カスハラが長期化しやすいこと

　　介護サービス利用者（以下「サービス利用者」という。）は，生活していくために必要であるからこそ，介護サービスを利用している。よって，介護業界のカスハラには，介護サービス提供者（以下「サービス提供者」という。）は，サービス利用者の生活を踏まえると，容易にサービスの中止を選択できない場合が多く，カスハラが生じた場合に，カスハラが長期化しやすいという特徴がある。

　　そのため，サービス利用者が，サービス提供者に不満を抱き，カスハラに発展したとしても，サービス提供者は，上記事情を踏まえ，ときには正義感から，介護サービスを継続し，カスハラに耐え，精神的に消耗してしまう。

　　介護業界においては，後述のとおり，言動に気を付けていても発生してしまうカスハラがあり，どのように対処すれば従業員の精神的ストレスを減らすことができるか，また，カスハラを沈静化させることができるか，という観点からの対策が，より重要になる。

(2)　サービス利用者及び親族との間で誤解や摩擦が生じやすいこと

　　介護サービスは，生活に必要であるから利用される。すなわち，何らかの生活上の不自由が存在しているため，サービス利用者は，精神的ストレスが生じやすい状況にある。

　　また，サービス利用者が精神的疾患を有していたり，認知症であったりすることも多い。これにより，サービス提供者によるサービス提供の方法や説明を理解できなかったり，コミュニケーションをうまくとれず，誤解や摩擦が生じやすい。

　　また，サービス提供者は，サービス提供に当たり，サービス利用者の親

族とも円滑にコミュニケーションをとることが要求されるところ，サービス利用者の親族は，介護疲れなどで身体的・精神的ストレスを抱えていたり，介護のために経済的に余裕がなくなっていることもあり，心理的余裕がない状況が生じやすい。

　そのため，サービス利用者と同様，サービス提供者は，サービス利用者の親族との間でも，誤解や摩擦を生じやすくなるという特徴がある。

(3)　サービス提供者に対して甘えが生じやすいこと

　介護サービスは，サービス利用者及びその親族と，サービス提供者との人間関係が継続的であり，また，その関係は，サービス利用者及びその親族の生活に深く関連し，サービス利用者及びその親族とサービス提供者との関係が，近いものになりやすい。よって，サービス利用者及びその親族には，サービス提供者に対する甘えが生じやすい。

　甘えが生じることにより，心理的ストッパーが外れ，サービス利用者及びその親族の欲求などが吐き出されやすくなり，自己中心的な言動が生じやすい。

　例えば，サービス利用者が孤独を抱えている場合には恋愛の対象となったり，利用者の欲求によりセクシャルハラスメントの言動や行動が生じたりすることがある。

2　介護業界のケーススタディ

ポイント

・介護業界においては，厚生労働省から「介護現場におけるハラスメント対策」につき，「介護現場におけるハラスメント対策マニュアル」（平成31（2019）年3月），「研修の手引き」（令和元年度），「介護現場におけるハラスメント事例集」（令和3年3月）が既に出されている。
・介護という特殊性から，協議解決が望ましい場合も多いが，
　①　サービス利用者の疾患等により，事実認識に相違が生じる可能性があること

② サービス利用者の家族，ケアマネジャー，及び行政機関等と連携して解決せざるを得ない場合があること

また，協議解決ができない場合には，

③ サービスの利用停止を行う必要もあるが，納得してもらうように説明等をせざるを得ない場合があること

から，サービスの記録や，カスハラの言動・行動の記録，カスハラへの対応方法の記録を日頃から残しておくことが必要である。

事例1　サービス利用者からのクレーム

サービス提供者は，何ら問題なく介護サービスを終えたにもかかわらず，サービス利用者から，介護サービス利用中に，けがを負わせられたとして，治療費と慰謝料を請求された。

サービス提供者はどのように対応すればよいか。

⑴　確認すべき事項

まず，サービス利用者が問題としている介護サービスを特定し，同介護サービスにおける記録を確認し，記録に記載されている事実関係を確認すべきである。

⑵　負傷をさせた事実関係が認められた場合の対応

負傷をさせた事実関係がある場合には，丁寧に謝罪した上で，法的責任の評価をし，法的責任がある場合には，適切な賠償を行うべきである。

この点，サービス提供者の経営に対する考え方にもよるが，慰謝料については，後日の更なるカスハラ発生を防止する観点からは，サービス利用者の請求するがままに支払うことが必ずしも良いというわけではない。

⑶　負傷をさせた事実関係が認められない場合の対応

サービス利用者が疾患等の影響により思い込んでいるだけで，負傷をさ

せた事実関係が認められない場合は，介護記録や介護方法に照らすと，負傷したと主張している部位を負傷させることがない旨を合理的に分かりやすく説明する必要がある。

　サービス利用者の疾患等により，サービス利用者への説明が困難な場合には，サービス利用者の家族に説明し，理解を得て，同親族からもサービス利用者に説明してもらい，円満解決ができればベストである。

　また，サービス利用者が納得せず，かつ，更なるカスハラに発展し，継続する場合には，カスハラをやめるように通告し，家族からもやめるように説得してもらうとともに，ケアマネジャーや行政機関等と連携して，対応を協議し，同機関等からカスハラをやめるよう指導してもらうことも考えられる。

　それでも，カスハラが継続する場合には，当該顧客のサービスの利用停止を考える必要がある。そして，利用停止に備えて，カスハラの言動等の記録を残しておくべきことは，事例2の解説で述べるとおりである。

事例2　**サービス利用者の親族からのクレーム**

　サービス提供者は，サービス利用者の親族から，暴言を吐かれたり，サービス提供者の指示に従ってもらえなかったり，介護サービスを妨害されるなどしている。

　次第に，介護サービスが継続困難となり，やむなく介護サービスの利用停止を考えざるを得なくなった。

　この場合，サービス提供者は，どのように対応すればよいか。

⑴　確認すべき事項

　まず，サービス利用者の親族からカスハラを受けるようになった場合には，介護記録やケアマネジャー，関係行政機関等からの情報収集により原因を探り，サービス提供者に落ち度があるか否かを確認すべきである。

　サービス利用者の親族の精神疾患や，介護による経済的・精神的負担，介

護サービスへの無理解など様々な原因で，カスハラが生じることがあり得る。

(2) サービス提供者に落ち度が認められる場合

原因として，サービス提供者に落ち度が認められる場合には，当該落ち度につき，まずは真摯に謝罪すべきである。

適切な謝罪を行った後，暴言等が続く場合には，サービス提供者から，暴言等をやめるように通告し，それでも継続する場合には，ケアマネジャーや，関係行政機関等からカスハラに当たることを指摘・指導してもらうことが考えられる。

なお，後日，利用停止を選択せざるを得ない場合に備えて，暴言等のカスハラの詳細や，それに対する当方の申入れ，対処などについて記録に残すようにすべきである。

サービスの利用停止事由（契約の解約理由）に当たらないとして親族から損害賠償を請求された裁判例もあり，また，親族から契約解約理由に当たらないとして，施設からの退去に応じてもらえず，苦慮した事例などが散見されるためである。

(3) サービス提供者に落ち度が認められない場合

サービス提供者に落ち度が認められない場合は，原因を探り，原因ごとの適切なアプローチをとることが考えられる。

すなわち，前述したようなサービス提供者からの通告，ケアマネジャーや行政機関等からカスハラに当たることを指摘・説明してもらうことに加え，サービス利用者の親族による精神的・経済的負担や，介護サービスへの無理解によるものであるならば，当該関係行政機関に，サービス利用者の親族に対するケアや行政給付の提供を相談し，サービス利用者親族の支援を行ってもらうことが考えられる。

なお，上記のアプローチをとったとしても，カスハラが止まらない場合には，利用停止を選択せざるを得ない場合も出てくることから，前述のとおり，カスハラに当たる言動等の記録等を残しておく必要がある。

第4章　不動産売買業界

🔟 不動産売買業界のカスハラの特徴

(1) 当事者の属性，取引内容等によって適用法令が変わる

　　不動産取引においては，下記の点などに応じて適用法令及び適用条文が変わる。

　　① **契約当事者の属性**（宅地建物取引業者，事業者，消費者等）

　　② **取引の法律構成**（売買，代理，媒介，請負等）

　　③ **目的物の性質**（宅地建物，新築住宅，中古住宅等）

　　主として考慮すべき法令は，宅地建物取引業法（以下「宅建業法」という。），住宅の品質確保の促進等に関する法律（以下「品確法」という。），消費者契約法，民法，商法である。

　　クレームを受けて法的責任の有無を検討する際は，速やかに契約当事者や取引内容を確認し，いかなる法令の適用・規制を受けるのかを検討することが必要になる。

(2) 業法等の規制を受ける

　　不動産売買業界で発生するクレームの多くは，業として行われる宅地（宅建業2条1号）又は建物の売買，媒介（仲介）等によるものであり，宅建業法の規制対象となる。これを踏まえ，本章では，主として売主又は仲介業者となる宅建業者の視点からクレーム対応を検討する。

　　業法規制を受けるということは，最悪の場合，業務停止や免許取消し（宅建業65条，66条）の処分を受けるリスクがあることを意味する。そのため，クレームが発生した場合には，かかる監督処分のリスクを考慮の上，民事上の法的責任の存否のみにとらわれず，和解等によって柔軟な紛争の解決を目指すことが望ましい場合がある。

(3) 重要事項説明書，売買契約書等の書面が存在する

　不動産売買契約においては，宅建業法により，各契約段階に応じて様々な書面の交付が義務付けられている。例を挙げると，重要事項説明書（宅建業35条），不動産売買契約書（宅建業37条）等の書面が存在する。

　そのため，クレームが発生した場合には，当該書面の記載内容及び当該書面の作成，交付，締結の具体的経過を確認することが必要になる。

　当該書面には違約金の定めが記載されていることが多いので，紛争解決の際の損害賠償額の目算を付けることもできる（宅建業37条1項8号）。

(4) 説明の不足を原因とするクレームが多い

　不動産売買の対象は，権利関係，物件の形状，周辺環境等，様々な構成要素を含む特定物である。さらに，物件紹介，内覧，条件交渉，契約締結，引渡しといった長期的な取引段階を経て履行がなされる。

　このような複雑性から，売主等が宅建業者である場合は宅建業法上の説明義務（宅建業35条—重要事項説明義務，宅建業47条1号—重要な事項の告知義務，故意の不告知の禁止）を負う。そして，当該説明義務に対する違反行為は監督処分の対象となる。また，民事上も信義則上の情報提供義務違反や付随義務としての説明義務違反を構成して損害賠償責任を生じさせる。

　宅建業者としては，この点を念頭に置いた上で，認識に齟齬が出ないようしかるべき説明義務を果たし，その証跡資料（重要事項説明書への記載，面談メモ，メール，確認書など）を残しておくことが肝要となる。

(5) 法的解決と親和性がある

　前記のとおり，不動産売買では売買契約書などによって契約条件が客観的資料から確定しやすく，違約金の定めなどの紛争発生時の取決めも定まっていることが多い。そのため，紛争類型としては比較的予見可能性が立ちやすく法的帰結を踏まえた解決と親和性がある。

　そこで，早期に弁護士等に相談して適切な事案の見立てを行い，これを踏まえた対応をすることが有益である。

2　不動産売買業界のケーススタディ

 ポイント

1　契約当事者の属性と適用法令を確認する。
2　重要事項説明書（宅建業35条書面），売買契約書（宅建業37条書面）など
　の法定書面の有無，内容を確認する。
3　物件の性状に関しては，登記，境界確認書，土地環境調査書，写真など
　の証拠力の高い客観資料の有無を確認する。
4　取引の段階（買受証明等の交付，重説，契約書締結，引渡し，使用開始など）
　を考慮して，対応を検討する。
5　弁護士等に早期に相談して法的責任の見立てを得る。

事　例　　**極めて軽微な瑕疵に基づく売買契約キャンセルのクレーム**

　宅建業者である株式会社SELLは，一般顧客である山田氏に対し，新築住宅を売却することになった。山田氏は内覧を経て大変この物件を気に入り，滞りなく売買契約が締結された。

　しかし，引渡日の前日，山田氏は「玄関扉に瑕疵があるので，これを修理するまでは引渡しを受けない」と言い出した。SELLは直ちに現地確認に行ったが，玄関扉の開閉には何ら支障がなく傷なども見られなかった。SELLから山田氏にその旨報告すると，山田氏は写真付きのメールを送付し玄関扉の下部に付着した雨水が跳ねた水滴跡が瑕疵だと主張してきた。SELLが雑巾でこれをふき取ると水滴跡は消えたので，きれいになった玄関扉の写真を撮って山田氏にメールしたが返信がなかった。

　引渡日当日，山田氏は決済場所に現れなかった。SELLから山田氏に連絡すると，山田氏は「先日，なぜ『瑕疵はなかった』と嘘をついたんですか？そんな不誠実な会社だと安心できません。誠意を見せていただけるまで引渡しは受けないことにしました。キャンセルしてください」と言ってきた。

SELLとしては，どのように対応すべきか。

(1) 当事者の属性と適用法令の確認

　一般的なクレーム対応の流れ（【聴取】→【調査】→【判定】→【回答】）に入る前，あるいは平行して不動産業界特有の検討として，契約当事者の属性と適用法令の確認を行う。本事例は，下記のように整理できる。

〈図表16　不動産業界チェックポイント〉

チェック項目	本事例	瑕疵に関連して注意すべき適用法令（抜粋）
売　主	宅建業者（宅建業2条1号）	宅建業35条（重要事項の説明等） 宅建業37条（書面の交付） 宅建業40条（担保責任についての特約の制限）
買　主	消費者（消費契約2条1項）	消費契約8条〜10条
法的構成	売買	民652条〜654条，666条
目的物	新築住宅（品確2条2項）	品確95条（新築住宅の売主の瑕疵担保責任）

　詳細な適用条文の判別は難しい場合でも，民法，商法，宅建業法，品確法，消費者契約法のいずれの適用があるのかを念頭に置いて対処する。

(2) 【聴取】（対応プロセス1）

ア　要求内容の確認

　【聴取】で必要となるのは，顧客の主張する事実と要求を確定させることである。本事例では「キャンセルしてください」という顧客の要望が「引渡期日のキャンセル（日程変更）」に過ぎないのか，「本件売買契約のキャンセル（契約解除）」までをも望んでいるのかをまず確認する。ただし，顧客からは曖昧な意思表示をされることもままある。その場合は【調査】の段階で，他の視点や関係者（金融機関のローン契約の状況，司

法書士とのやり取りの状況など）から，顧客が契約を継続する意向なのかど
うか探ることも有益である。

イ　主張する事実の確認

　　要求内容のほかに，当該要求の法的根拠及び主張する事実関係も確認
する。例えば，瑕疵への対応の不足が解除の理由だと主張してきた場合
は「玄関扉の瑕疵とは扉下部の水滴汚れのことか」，「それ以外に瑕疵が
あったのか」などを確認して記録する。

(3)　【調査】（対応プロセス２）

ア　顧客の主張に関する調査

　　【調査】においては，前記【聴取】の段階で確認した要求内容及び主
張に関連する事項の調査を行う。具体的には，玄関扉その他設備の状態
確認，当該顧客に対応した従業員や宅地建物取引士からの事情聴取など
を行う。従業員等からの聴取の際には，紛争のきっかけになった直接的
事案以外にも取引過程において気になった点がないか時系列的に確認す
ると，顧客の性格や潜在的な紛争の芽を把握するために有用である。

イ　法的請求根拠に関する調査

　　併せて，売買契約書の解除条項，手付金額，違約金の定めを確認する。
解除原因の有無や解除がなされた場合の手続を確認するためである。

ウ　適法性に関する調査

　　また，不動産売買においては，万一のことを考えて法定書面に不備が
無いかのチェックを行う。クレーム本体には法的責任がない場合でも，
付帯的に法定書面の不備を持ち出されて窮することになる場合もあり得
るからである。

チェック

【売買契約書等によくある不備の例】

➢ 日付が空欄
➢ 重要事項説明書と売買契約書の同一項目に係る記載の不一致
➢ 宅地建物取引士の押印がない（特に，複数の宅地建物取引士が介在する場合は注意する必要がある）
➢ 「代金以外に授受される金銭の額及び授受の目的の記載」等が「実費」等と記載され，具体的な記載が欠如している

⑷ 【判定】（対応プロセス３）

ア　判定におけるポイント

　　【判定】のプロセスでは，法的責任の有無に加えて，紛争がこじれた場合の落としどころも検討しておくとよい。というのも，不動産取引は対象となる商品自体が高額である。また，新築表記ができるのは「建設工事の完了の日（筆者注：検査済み証記載の日）から起算して１年」（品確２条２項）というリミットがある。紛争がこじれて，契約解除が後倒しになると貴重な商品を長期間腐らせることになり時間の経過とともに損害は拡大していく。そのため，宅建業者側に法的責任がない場合であっても，コストを総合的に見極めて対処することが必要になる。

イ　法的責任の判定

　　本事例における法的責任を判断すると，本事例で「瑕疵」として主張されているのは，玄関扉の水滴跡に過ぎない上に既に清掃されており，「品質」が「契約の目的に適合しない」ものとはいえず，契約不適合責任，債務不履行責任を生じる可能性は無いと考えられる。

ウ　落としどころの検討

　　他方，買主が契約解除の意思を曖昧にしつつ引渡しに協力しない場合は，売主に債務不履行責任等がない旨述べ買主の不当クレームを拒絶するだけでは紛争は解決しない。そのため，最終的には売主側から契約解

除を行うことが可能かどうかの検討も必要になる。

(5)　【回答】（対応プロセス４）

　ア　回答事項の検討

　　　以上を踏まえて，本事例で顧客である山田氏に対して【回答】すべき事項としては，①道義的謝罪（気持ちの緩衝のため），②買主の主張する事実の確認（争点の固定のため），③現実の提供・口頭の提供・受領拒絶の事実の確認（売主側からの解除の要件充足等のため），④履行の着手があったことの確認（手付放棄による解除の防止のため），⑤違約金条項の確認（買主側に紛争リスクの予見可能性を与えるため），場合によっては，⑥売主側からの契約の解除の意思表示（損害の拡大を防ぐため）などが考えられる。なお，履行の着手については，例えば，登記移転手続及び決済期日に所有権移転登記手続に必要な書類を決済場所に持参し抵当権設定準備をした金融機関担当者や司法書士にも立ち会わせた事例（東京地判平25・9・4ウエストロー（事件番号：平24(ワ)14064号））で売主側の着手が認められている。

　イ　回答の順序の検討

　　　取引段階を考慮に入れると，引渡日付近にまで至っている場合，買主側に理由（例えば，別により良い物件があり契約破棄したい事情があるなど）がなければ安易に契約の不当破棄を行うとは考えにくい。そのため，買主の性格や態度を踏まえて検討し，道義的謝罪を行えば気が収まって滞りなく履行が可能そうであれば，まずは①道義的謝罪，②買主の主張する事実の確認，③現実の提供・口頭の提供・受領拒絶の事実の確認といった積極的に法律関係を変動させない事情のみを通知して様子を探ることが考えられる。その上でなお，引渡しを拒絶するようであれば，④履行の着手があったことの確認や⑤違約金条項の確認をして既に手付放棄による解除はできず違約金を請求せざるを得ない点などを通知して再考を促す。それでも応じない場合は，商品の再売買の余地などを考慮の上，⑥売主側からの契約の解除の意思表示を行うことが検討できる。

ウ　合意書作成によるリスク回避の検討

　　後日の監督官庁や公益社団法人全国宅地建物取引業保証協会等への苦
情申出等の紛争を未然に防ぐためには，法的責任がない場合であっても
当該クレーム事案に関する売主側の買主に対する損害賠償請求権放棄な
どの買主にメリットのある条項を引き換えにして，契約解除の場合は清
算条項のある合意解約書の作成や，契約継続の場合は当該事案に関する
責任の内容を明確化した覚書を作成するとよい。

エ　回答方法の検討

　　回答は，必ず送付した日時が明らかになる方法で行う。具体的には，
回答のスピード感や顧客の性格なども考慮して電子メール，配達記録郵
便，簡易書留，配達記録付き内容証明郵便などの方法を選択する。履行
の提供や解除の意思表示などの重要な法的効果をもたらす行為は，裁判
上の証拠とすることを見越して配達記録付き内容証明郵便によって行う
べきである（第1編第2章**5**参照）。

第 **5** 章　マンション管理業界

1　マンション管理業界のカスハラの特徴

(1)　マンション管理業界にクレームが多い理由

　マンション管理業界は「クレームのるつぼ」や「クレーム産業」と称されることがあるが，なぜそれほどまでにマンション管理業界にクレームが多いのか解説する。

ア　人的距離・物理的距離が近いこと

　マンションには，多数の住民が一つ屋根の下に集合して暮らすという特徴がある。エントランスやエレベーターは共通して使うし，壁や天井を一枚隔てた先には，別の家族が生活している。

　このような人的距離・物理的距離の近さが，クレームが多発する一因となっている。例えば，管理組合内の理事会やサークルなどの「人的距離の近さ」から派閥争いやいじめ問題に発展することもあるし，「物理的距離の近さ」から，天井や壁を伝って騒音問題が発生することもある。

　人的距離，物理的距離の近さは，感情的になりやすいということにもつながる。一般的に，300キロメートル先の親族よりも1メートル隣の隣人の方が感情的になってしまうものである。

　更に厄介なことに，エントランスやエレベーターなどで，トラブルの当事者同士が会いたくなくとも会ってしまう場面が生じる。この点については，例えば，交通事故の当事者が会おうとしなければ滅多に会わないことと比較すれば一目瞭然である。

イ　閉鎖的であること

　さらにマンション管理組合は，外部からは運営の実態が分からず，閉鎖的であるという特徴を有する。隣のマンションの管理組合がどのように運営されているのか，どのような問題を抱えているのかなどは決して外から把握することができない。どんなに外観が綺麗なマンションであっても，区分所有者同士の長年の対立がある，旧役員と現役員で意見

が対立しているなどの問題を抱えていることがある。そのことは部外者では決してうかがい知ることができない。

　区分所有者はマンションを購入してしばらく住んで初めて、マンション内の文化や人間関係を把握するのである。したがって、購入前と購入後のギャップからマンション管理会社へのクレーム問題に発展することもあるし、外に助けを求めることができないことから憂さ晴らし的にマンション管理会社へのクレーム問題に発展することもある。

ウ　一度購入したら離れることが困難であること

　以上のように、感情面の対立や人間関係のいざこざ、クレーム問題へと発展しやすいのがマンション管理業界の特徴であるが、更に厄介なことに、その状態から抜け出すことが困難であるという特徴も有する。

　すなわち、マンションの購入というのは、通常は、一生に一度の買い物である。何度も行う衣服や車の購入などとは違うし、住み替えることができる賃貸マンションへの入居とも異なる。したがって、上記の感情面の対立や人間関係のいざこざなどの悩みを抱えた区分所有者は、「この状態が嫌だから抜け出そう」という選択をとることが極めて難しい。その結果、上記悩みを抱えた区分所有者の怒りやストレスのはけ口は、より一層、強烈なクレームとしてマンション管理会社に向くことになる。

(2)　マンション管理業界のクレーム対応の難しさ

　以上の特徴から、マンション管理業界は「クレーム産業」と称されるほどにクレームが多いわけだが、クレーム対応の難しさにも特徴がある。その理由を解説する。

ア　当事者が多数存在すること

　まず、マンション管理業界のクレーム対応を最も難しくしている理由は、当事者が多数存在することである。

　通常の取引においては、契約当事者は1対1であり、クレームを主張する相手も、その契約の相手方のみである。ところが、マンション管理会社には、契約の相手方以外の多数の区分所有者がクレームを主張して

くるという特徴がある。

　マンション管理会社は管理組合と管理委託契約を締結する。したがって，契約の相手方は管理組合（及び業務執行機関としての理事長や理事会）である。

　もちろん，マンション管理会社に対して，その契約の相手方である管理組合（及び業務執行機関としての理事長や理事会）がクレームを主張することもある。

　しかしながら，マンション管理会社に対するクレームで特徴的な点は，契約の相手方以外の多数の区分所有者もまたクレームを主張してくる可能性があるということである。しかも，大規模マンションであれば，その区分所有者が1,000を超えることもある。

　そして，単純に「区分所有者は契約の相手方ではない」ということを理由に意見を跳ねのけることができるとは限らない。なぜならば，区分所有者は管理組合の構成員であるし，次期以後の業務執行機関としての理事長や理事会役員の候補者でもあるからである。

　さらには，理事役員同士の意見が対立しているときに管理会社はどちらにつくべきか，区分所有者同士の意見が対立しているときに管理会社はどちらにつくべきかなど，多数の当事者が存在するマンション管理業界ならではのクレーム対応の難しさが存在する。

イ　長期間，長時間にわたるクレーム

　また，マンション管理業界のクレームの特徴としては，クレームが長期間にわたるという点もある。

　その理由としては，マンション管理会社と管理組合との契約が単発のものではなく，継続的なものであることが挙げられる。単発の契約であれば，仮にクレームトラブルが発生しても，業務が完了していることなどを理由に毅然と対応し，クレームが自然に消滅するのを待つという対応も可能である。しかしながら，継続的契約であるために，業務が完了しているともいえないし，他の場面で，クレームを主張している住民に顧客として接しなければならない場面が生じ得る。したがって，マン

ション管理会社へのクレームとして，何年間も同じクレームが繰り返されることや，数年後にクレームをぶり返されることなどもよく起こる。

さらに，①マンションは生活の本拠であり滞在時間が長いこと，②管理組合役員には定年退職後などで時間が有り余っている者が多い場合があることなどからクレームが長時間に及ぶことが多いのも特徴的である。

ウ　多角的・専門的知識の必要性

マンション管理会社の業務は実に幅が広い。共用部分の管理，管理組合の会計業務，区分所有法や管理規約に沿った総会や理事会支援業務などがある。したがって，管理会社社員もそれに応じて，建築の知識，会計の知識，法律の知識などが必要となる。

ここで問題となるのが，前述したクレームを主張し得る区分所有者の数の多さである。大規模なマンションであればその区分所有者の数は1000を超える。そして，その区分所有者の中には，建築士，公認会計士や税理士，弁護士なども当然存在するのであって，それらの者が専門的知識を振りかざしてクレームを主張してくる場面も往々にしてある。当然，専門家の専門分野であれば正しいことも多いが，例えば，企業会計とマンション会計は微妙に異なるし，弁護士であっても区分所有法に詳しくない者もいるから，必ずしも専門家の主張が正しいとは限らない。

そのような間違った専門家のクレームにも対抗するために，多角的・専門的知識を有することが管理会社のクレーム対応には必要となる。

② マンション管理業界のケーススタディ

・管理会社と管理委託契約を締結している当事者は「管理組合」であって，個々の区分所有者ではない。
・管理組合運営の主体は飽くまで「管理組合」であって，管理会社ではない。
・管理委託契約において管理事務の対象となる部分は共用部分等であり，専有部分は管理事務の対象外である。

・管理組合からクレームを受けた際には，管理委託契約を確認し，業務内容の範囲内か否かを確認する必要がある。

事例1　区分所有者からのクレーム

　管理会社は，その管理するマンションの区分所有者から「この前の総会で審議された案件はきちんと理事会で議論したのか。そのようにいい加減な管理組合運営をしているならば，管理委託契約を解約するぞ（リプレイスするぞ）」とのクレームを受けた。

　管理会社はどのように対応すればよいか。

(1)　管理会社と区分所有者の関係

　本事例で管理会社は区分所有者から「管理委託契約を解約する」旨述べられている。しかしながら，そもそも区分所有者に管理委託契約を解約する（リプレイスする）権限はない。なぜならば，管理委託契約は，管理会社と管理組合との間で締結されるものであって，管理会社と区分所有者との間で締結されるものではないからである。

　したがって，管理会社としては，個々の区分所有者からクレームを受けた場合には，「まず管理委託契約の当事者は管理組合であって個々の区分所有者ではないこと」を認識すべきである。

(2)　管理組合の運営主体

　本事例で管理会社は区分所有者から「きちんと理事会で議論したのか。いい加減な管理組合運営をするな」と指摘を受けているが，これも区分所有者のよくある勘違いである。

　確かに管理会社は管理委託契約の業務内容の一つとして，通常，理事会支援業務を請け負っている（標準管理委託契約書別表第1・2(1)）。しかしながら，標準管理委託契約書のコメントにもあるとおり，「理事会支援業務は，理事会の円滑な運営を支援するものであるが，理事会の運営主体があくま

で管理組合であることに留意する」べきである。

したがって，管理会社としては，「理事会での議論や管理組合運営に異議があるならば，管理組合（理事会）に意見を述べるべきである」旨回答すれば足りる。

〈図表17　管理組合と管理会社の関係〉

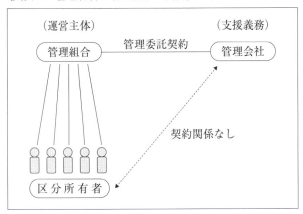

事例2　管理組合からのクレーム

あるマンションにおいて，上下階の区部所有者同士で騒音トラブルが発生し，半年以上もめていた。

そんな状況において，理事会（理事長）は管理会社に対し，「問題になっている騒音トラブルを半年以上も解決できないのは管理会社として管理委託契約の債務不履行に当たるのではないか。もっと積極的に関与して解決せよ」とのクレームを受けた。

管理会社はどのように対応すればよいか。

(1)　管理委託契約の範囲

管理委託契約において管理事務の対象となる部分は共用部分等であり，専有部分は管理事務の対象外である（国土交通省「マンション標準管理委託契約書」2条）。

第4編　業界別カスハラ対応
ケーススタディ

　したがって，そもそも上下階の騒音問題のような専有部分間のトラブル
は管理会社の業務の対象ではないため，これを解決できなかったとしても
管理委託契約の債務不履行に当たることはない。

　なお，そもそも管理組合の目的も専有部分ではなく共用部分の管理であ
るため（区分所有３条），管理組合自身も専有部分間のトラブルに積極的に
関与する必要性はない。

　専有部分間のトラブルは，当事者同士の話合いにより解決することが原
則である。

⑵　管理委託契約の業務内容の確認

　上記のとおり，専有部分間のトラブルは管理委託契約の範囲外であるた
め，本来的には管理会社は関与する必要はない。そうはいっても，管理会
社担当者が当事者同士のメッセンジャー的役割を行う，両当事者を理事会
に呼んで話合いの機会を取り持つなどの業務を，「サービス」で行ってい
る管理会社も多い。ここで重要となるのが，このような業務が「管理委託
契約の内容となっている業務」なのか「サービスで行っている業務」なの
かを区別するとともに，管理組合にもその区別を認識させることである。
そうでなければ，専有部分間のトラブルであるにもかかわらず，解決に至
らないことを「管理委託契約の債務不履行である」などと主張され，責任
を負わされかねない。

　管理会社は，管理組合からその他にも多種多様なクレームを受けるが，
その際も管理委託契約の業務内容を確認し，契約で定められた業務内容を
要求されているのか，それとも業務内容を超えるサービスを要求されてい
るのかを確認する必要がある。

〈図表18　管理委託契約の範囲〉

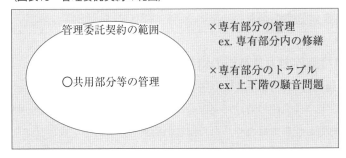

第6章　建設業界

1　建設業界のカスハラの特徴

(1)　業務内容に認識のズレが生じやすいこと

　　建設業には発注の時点で完成品が存在しないという点に特徴がある。既製品を売る仕事ではなく，あらかじめ約束したものを完成させて引き渡す仕事である以上，「目の前にあるこの物を渡します」という合意ができない。その点で，建設業に限らず，およそ請負という契約自体に顧客との間で認識のズレを招く危険性があるといってもよい。

　　このようなことから工事業者は，特に大規模な工事を行うに当たっては，注文主との間で打合せを重ね，過去の施工事例や完成図，詳細な図面などでイメージを共有し，契約書にも膨大な関係書類を添付する。これらの取組によって，曖昧な完成品のイメージを確固たる共通認識とする。

　　しかし，一般顧客を相手にする場合には，この作業がそう簡単にはいかない。業者と顧客との間に知識の差が大きいことから，客観的には十分な説明を行っていたとしても「客に分かりやすく説明しないのがおかしい」といったクレームを呼び込みやすい。

　　特にカスハラを行う顧客は，客観的事実から他者と同一のイメージを形成すること自体が不得手であることも多い。結果として，通常であれば説明不足を謝罪し，あるいはいくらかの配慮を行えば収束する事案が，「約束したもの（＝顧客が完成品と思い込んでいたもの）とは全く違う」，「相手はなすべき仕事をしていない悪人である」といった意識が醸成され，嫌がらせにまで発展する可能性がある。

(2)　元請け・下請けの利害対立

　　建設業界においては，顧客から発注を受けた元請業者から，さらに下請業者に対して再委託が行われることが多い。この場合，元請・下請間での利害関係により，カスハラ対応が困難となる場合がある。

　この点は，実際に現場において作業を行う工事業者が顧客との間で直接契約を行う案件（直請案件）と，下請業者が存在する案件（下請案件）とを比較すると分かりやすい。まず，直請案件の場合，顧客と工事業者との関係性は図表19のとおりとなる。

〈図表19　直請案件における関係〉

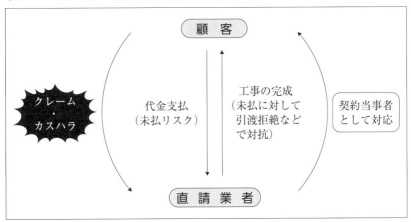

　この場合，登場人物は顧客と直請業者に絞られる。顧客は直請業者に対し代金を支払う義務を負い，直請業者は顧客に対し，契約上定められた工事を完成させる義務を負うというのが基本的なモデルである。

　直請業者としては当然ながら，自社の判断によってクレームへの対応方針を決定することができる。契約当事者は自社と顧客しかいないため，リスク（例えば代金の未払）を自社の手に届く範囲で把握できる。クレーム対応の面でも，その負担を受けるのは自社であるし，その失敗の責任も自社が負う以上，他者を判断に関与させる必要はない。社内において明確な対応方針を定めさえすれば，一貫した対応を行うことができる。

　これに対し，下請案件での関係性は図表20のとおりとなる。

第４編　業界別カスハラ対応　ケーススタディ

〈図表20　下請案件における関係〉

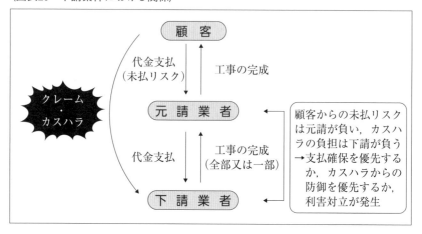

　特徴的なのは，顧客と直接的な契約関係にあるのは元請業者であるにも
かかわらず，下請業者がクレームを受けやすいという点である。契約関係
からすれば，発注者たる顧客は下請業者に対して直接要求を行う立場にな
い。[注5]　しかし，特に一般顧客が発注者である場合には，往々にしてそのよ
うな理屈は通じないのが現実である。「実際に工事を行っている者に問題
意識を伝えて何が悪い」という感覚があるのだろうし，そこは（少なくと
も一般的な感覚としては）否定し難いところがある。正当なクレームを行う
顧客に対して，下請業者がいきなり「ウチは契約関係にないので元請に
言ってください」と告げることは顧客対応として難しい。この場合には，
下請業者で第一次の対応を行い，元請業者と共有の上で対応を引き継ぐべ
きか検討することになるだろう。

　問題は，下請業者への不当クレーム・カスハラが発生したときである。
この局面では元請・下請間での利害の対立が鮮明になる。すなわち，元請
の立場に立てば，顧客の要求を受け入れなければ請負代金が入ってこない
可能性が高い一方，下請への支払は依頼した工事が完成すれば発生してし

（注5）　顧客が要求を行うべきは，自己と直接の契約関係にある元請業者である。元請業者にお
いては，顧客との間で直接的に工事の完成を約束しているのだし，多くの請負契約書には再
委託先を監督する義務の記載があるはずである。

まう。下請の立場からすると，早急に案件からは離れてしまいたいが，顧客の要求を拒絶した場合，元請に代金の未払リスクや契約解除のリスクを負わせることとなり，今後の受注に悪影響があるのではないかという懸念が生じる。

このような場合に検討すべき事項についてはケーススタディで述べるが，元請・下請間の利害関係が，不当クレーマーにとって格好の攻撃材料となってしまうことには注意するべきである。

② 建設業界のケーススタディ

ポイント

- 業務内容に認識のズレが生じやすいことを自覚して対応する。初期段階においては，顧客の主張が①知識不足が原因の誤解なのか，②正当クレーム（説明不足など）なのか，③不当クレームなのかを見極めることが必要。
- 顧客との協議内容を書面や録音に残しておくと，対応方針が定まりやすい。
- 複数の業者が関わる場合には利害関係が方針のズレを生みやすいため，早期に窓口を一本化し足並みをそろえる。

事例1 　直請案件におけるクレーム

株式会社A工務店（以下「A社」という。）は，顧客Bから自宅の外壁塗装工事を依頼された。A社は早速，Bとの間で打ち合わせを行い，複数の色見本を提示した上で，使用するペンキを決定した。工事は問題なく終わり，代金も支払われた。

しかし，数週間経ってA社にBから連絡が入った。どうやら日当たりの関係で事前のイメージとは異なった色味となっているらしく，「自分はこんな色で塗ってくれと頼んでいない，今すぐ塗り直してくれ」とA社に求めてきた。

A社としては，どのような対応をとるべきか。

第4編　業界別カスハラ対応　ケーススタディ

(1)　契約内容の確認

　　まずは契約内容に準拠して，顧客Bの要求が正当なものか判断する必要がある。契約書に使用する色が明確に示されていれば，この点の結論は明らかとなる。悩ましいのは何も明記されていない場合や，「協議により定める」とされているときだが，今回のケースでは，A社と顧客B間で事前に使用するペンキを合意している。そのときの議事録や録音，確認書などがあれば，契約内容に反した色のペンキを使用したとはいえないだろう。

　　もっとも，専門業者であるA社には，一般顧客であるBに対し高度の説明義務があることから，前提事情の提供が不足していれば義務違反を問われる可能性はある。この点は，ケースバイケースで判断するほかない。

(2)　第一次回答

　　次に，契約上対応可能な範囲（＝対応のベースライン）を顧客との間で共有する。例えば，A社としては「使用するペンキに関しては両者で検討して合意したものであるから，塗り直しはできない。有償での再塗装ということであれば対応する」という回答が考えられる(注6)。

　　留意すべきは，この段階で殊更に相手を不当クレーマー扱いすることは避けるということである。もちろん，既に顧客から何らかの有形無形の被害を受けているといった場合には相応の対応をとる必要があるが，そうではない場合には「クレーマー扱い」が事態を悪化させる可能性がある。

(3)　対応方針の確定

　　第一次回答に対するBの対応によって，A社がとるべき対応は変わってくる。まず，BがA社の対応に納得するのであれば問題はない。Bが「確かにそうだが，そうは言っても説明は不足していた」というクレームを行うのであれば，その点についてのプロセスを再検証する機会にもなるから，貴重な意見として受け止めればよい。

（注6）　契約内容と異なる塗装が行われていたり，当然説明すべき事項を説明していなかったりする場合には，A社としても契約違反を前提とした回答・提案を行うべきである。

Bが回答に不満をあらわにする場合でも，それだけでBが引き下がるのであれば対応としては十分である。ここで顧客満足度を追い求め，無償で再塗装を行うといった対応は過剰サービスであり，営利企業が行うべき行為ではない。

顧客対応からカスハラ対応への切り替えを意識する必要があるのは，A社側の回答にも関わらずBが不当な内容・方法による要求を継続する場合である。例えば，A社の回答に対し頑として無償での再塗装を要求してくる場合や，会社にまで押しかけてくるようなケースが考えられる。A社としては従前の回答を繰り返すとともに，不当な行為の停止を求めることになるが，それでもBの要求が収束しない場合には関係遮断も視野に入るだろう。

事例2　下請案件におけるクレーム

C株式会社（以下「C社」という。）は主に住宅建築を扱う工事業者であり，内装工事については日頃からD設備工事（以下「D設備」という。）という業者に下請けとして依頼している。

C社は顧客Eから住宅新築工事を受注し，その内装仕上げ工事についてはD設備に任せることにした。すると，EはD設備に対し，工期中毎日のように電話をかけ，高圧的に「あんなレベルの低い工事に代金は払えないぞ」，「責任者を出せ」との要求を始めた。しかしC社が現場を確認したところ，D設備の工事に問題は見受けられず，Eの要求は不当なものであると判断された。

C社及びD設備としては，どのような対応をとるべきか。

(1)　対立の不合理性

■で述べたように，下請業者への不当クレーム・カスハラが発生すると，元請・下請間には構造的に利害対立が生じる。すなわち本事例でいえば，C社には代金を確保するためD設備にEの要求に応じるよう求めるという動機が生まれるし，D設備にはEの要求に応じず早急に工事を完成させ，

案件から離れるという動機が生まれる。このような事情から，顧客のクレームに起因して，元請・下請間で対立が発生するというケースは散見される。

しかし，少なくとも不当クレーム・カスハラが発生している場面においては，このような対立にはあまり意味がない。なぜならば，元請は顧客の要望に応えたところで顧客から代金回収をスムーズに行える保証はないし，下請は工事を完成させたところで不当クレーム・カスハラから逃れられる保証はないからである。不当クレーマーやカスハラ顧客の行動は不合理であり，一つの要求が満たされても満足して代金を支払うとは限らない。案件から離れても執拗に攻撃を繰り返してくることもある。不当クレーマーやカスハラ顧客に合理的な行動を期待できるとの誤解に陥ってはならない。^(注7)

(2)　対応方針

　C社及びD設備にとっては，協力関係を結ぶことが合理的と考えられる。C社はD設備が仕事を完成させることがなければ，（Eが請求に応じるかどうか以前に）顧客Eに対し代金を請求することができない。万が一，カスハラに耐えられなくなったD設備が「飛ぶ」（工事を投げ出して撤退する）ということになれば，別の業者を連れてくる必要があるが，前の業者が飛んだ現場を無条件に引き受ける業者はそういないだろう。相場より高い費用を設定しなければ，業者が見つかる可能性は低い。それにより赤字となれば，代金の未回収リスク以前の問題となる。

　D設備としても，工事を完成させたとして，C社が顧客と同調して「工事が不十分である」という主張を行うようであれば任意の支払は受けられない。訴訟での回収には双方弁護士費用を要するし，両者の対立が決定的となって他案件への影響も出かねない。

（注7）　要求に応じることで代金が支払われたり，案件から離れることでカスハラ被害が収まることも無いわけではない。しかし，それは結果論にすぎない。「こうなるかもしれないし，ならないかもしれない」という不確定な事情にウェイトを置いて判断すること自体にリスクがある。

　C社及びD設備は，双方の利害が対立しているように見えるが，Eという不当クレーマーの行動次第で「両負け」になりかねない。初期段階で窓口を一本化し，歩調を合わせ不当要求に対処するべきである。

第7章　金融業界

1　金融業界のカスハラの特徴

(1)　顧客の財産や信用，個人情報等に関わるため顧客の精神的余裕を
奪いやすい

　　金融業界は，法人等団体又は個人の金銭等の財産を取り扱う業界であり，
顧客の財産への損害へつながりやすい業界である。財産は，企業の存続や
個人の生活・人生に必要不可欠である。そのため，たとえ小額であっても，
「財産を毀損された」と思った顧客が，窓口従業員に詰め寄るといった状
況が発生しやすい。

　ア　銀行の窓口における具体例

　　　例えば，顧客が窓口に持参した現金の金額を確認する際，顧客が席を
外してしまい，顧客の目の前で現金を数えることができず，顧客が持参
したと主張する金額に1万円足りないことが判明した場合，「それでは
困る。よく探してほしい。確かに100万円あるはずだ」などと，金銭の
枚数について，話が平行線とならざるを得ない。

　イ　融資の場面における具体例

　　　また，例えば，融資の場面では，事業融資にせよ，住宅ローン融資に
せよ，融資を利用する側は，その融資を申し込む理由があり，ときには
急を要する事情がある。

　　　融資担当者が，顧客から申し込まれた時点で，何らの確認もせず，
「融資は可能だと思いますよ」などと安易に回答してしまうと，顧客は，
どうしても急がざるを得ない場合は，融資を待たずに，その融資が出る
ことを前提に取引を始めることもある。そのような状況で，後日融資が
できないと回答されると，顧客側は，「融資は可能だと言いましたよね。
もう取引を始めており，融資が下りないと損害が出てしまいます」，「取
引を始めてしまいましたので，融資が下りないのであれば，当社には損
害賠償義務が発生します。また，当社の取引先への信用問題にも関わり

ます。どうしてくれるんですか」と顧客に金銭的損害を与えかねず，顧客の信用毀損にもつながり得る。

ウ　個人情報の取扱いに関する具体例

　また，銀行は，法人であれ，個人であれ，顧客の財産等，第三者が容易に知ることができない秘密情報を扱っている。

　例えば，携帯電話番号をかけ間違え，「○○銀行○○支店の○○ですが，○○会社様でございますか。いつもお世話になっています」などと話をしてしまうと，かけ間違えた先の相手に，「○○という会社が○○銀行○○支店で取引がある」などと知られてしまう。かけ間違えた相手がその情報をインターネットで公開したり，犯罪等に悪用する可能性や，電話のかけ間違えをきっかけに金銭要求等不当要求をされる可能性がある。

(2)　法令や通達等により多くの制限がある

　金融業界は，法令や通達等で多くの制限がある業界である。

　例えば，リスク性金融商品を顧客に勧め，顧客に同商品から損をさせ，クレームが発生し，長期間にわたって継続する場合であっても，金融機関側に落ち度がない場合，損害を賠償して解決することはできない。

　しかし，顧客としては，大きな財産的損害が出ていれば出ているほど，精神的にも追い詰められ，金融商品の購入が自身のリスク判断に基づく選択であったとしても，誰かに責任転嫁をして逃れたいと考えるものである。「信用しているお宅から，『儲かるから』と勧められて購入した商品なのにどうしてくれるんだ」と，リスクの説明をされたことを忘れて感情的になりかねず，金融機関側に損失補填や損害賠償を求めかねない。

　一方で，金融機関は，このような事案では，安易に落ち度を認めることができず，謝罪すらも安易に行えない。そのため，話合いにより，円満に解決することが難しく，クレームが悪質なものとなって長期間継続したり，法的紛争化しやすい。

(3)　窓口やATMの待ち時間，煩雑な手続などにより顧客の精神的余裕を奪いやすい

　　銀行窓口は，平日の昼間にしか空いていないため，平日に働く個人や法人従業員は，自身の仕事を調整して，時間を作り，金融機関に行かざるを得ない。

　　そのため，窓口やATMが混雑する時間帯がある。また，仕事を調整して作った時間内に，銀行手続を済ませなければならないという焦燥感が顧客の心中にある。

　　そのため，金融機関の混雑により時間内に手続が終わらない可能性（又は，実際に終わらないこと）や，煩雑な手続により，精神的ストレスを受ける。

　　人間心理として，経済的・精神的・時間的に余裕があれば，小さなミスや言い回しに寛大になれるが，金融機関の混雑や煩雑な手続は，このような寛大さを奪うこととなる。

　　そのため，比較的にクレームが発生しやすい状況下にある。

２　金融業界のケーススタディ

ポイント

・銀行の窓口の混雑や煩雑な手続は，顧客にとって心理的負担となり，精神的余裕を奪うため，カスハラが生じやすい状況にある。また，金融機関における手続は，財産や信用に関わり，（金融機関側に落ち度がなかったとしても）同手続はこれらの毀損につながりかねず，精神的余裕を奪う。これらの状況が合わさり，顧客が感情的になりやすい。
・顧客の要求の中には，不当要求として拒絶すべきものがあり，話が平行線となりやすく，カスハラが解決困難になり，長期化しやすい。

事例1　銀行の窓口におけるクレーム

　　ある日の午後，窓口業務が混んでいたところ，顧客が，振込をしに，

14時前に銀行へ来店し，1時間近く待って窓口にて振込を済ませた。しかし，その日中に，振込先に着金しなかった。

　後日，当該顧客が来店し，「お宅の窓口が混んでいて待たされたおかげで，相手方への着金が翌日になり，相手方から信用を失ったではないか。どうしてくれるのか」と大声で怒鳴り，応接室で担当者とその上司が謝罪しても許さず，数時間にわたり叱責を続けた。その後も，「社長を出せ。お宅の窓口ではいつも待たされる。社長名義で改善策を出せ」，「お宅ほどの大企業が顧客を待たせる状況を改善しないのか。SNSで拡散するぞ」，「誠意を見せろ」などと執拗に電話を繰り返した。

　どのように対応すればよいか。

(1) 確認すべき事項

　一次的対応としては，クレーム対応の基本ルールにのっとり，窓口が混んでいて不快な思いをさせたことに対する道義的謝罪にとどめ，確認すべき事項を確認する。そして，後日，改めて話し合う場を設けるようにすべきである。

　まずは，顧客がどのようなクレームを述べているのか，傾聴し把握する必要がある。

　また，顧客が帰った後，当該日の当該顧客に関する振込や窓口対応状況を確認し，「今日中に着金します」などと約束したにもかかわらず，着金が間に合わなかったことなど，当方に落ち度がないかを確認すべきである。

(2) 落ち度が認められないと判定した場合の対応

　「窓口が混んでいて不快な思いをさせた」ことについては丁寧に謝罪をし，それ以上は対応しないという方法が考えられる。

　金融機関側に何らの落ち度がないにもかかわらず，数時間にわたり叱責をしたり，社長名義の改善策を要求したりすることは，不当クレームである。ましてや，「誠意をみせろ」との言動（金銭を要求するものであることが多い）に対応する必要はない。

第4編　業界別カスハラ対応　ケーススタディ

(3) 落ち度が認められると判定した場合の対応

「○○○○（具体的な落ち度）により不快な思いをさせた」ことについては丁寧にお詫びをし，それ以上は対応しないという方法が考えられる。

金融機関側に何らかの落ち度があったとしても，（法的責任の判定は慎重にすべきであるが）基本的には振込期日の窓口時間終了の少し前に来店し振込手続をし，当日中に振込を着金させようとする顧客に責めがある。

落ち度の重さなどによっても変わり得るが，基本的には，上記顧客の「社長を出せ」，「社長名義の窓口混雑改善策を出せ」，「誠意を見せろ」は要求内容が不当な不当クレームである。また，上記例の「SNSで拡散するぞ」と話し，自身の要求を通すことは，要求手段・態様が不当な不当クレームである。金融機関ごとの企業経営方針にもよるが，丁寧に謝罪した後は，毅然とした態度で応対すべきと考える。

事例2　リスク性金融商品に関するクレーム

銀行の担当者が，高齢の顧客に対し，リスク性金融商品を勧めて購入してもらった。後日，当該金融商品の価値が下落し，同顧客から，「当該金融商品は，損はしないと聞いて購入したにもかかわらず，同商品によって損をした，どうしてくれるのか。損失を補填してほしい」，「親しい弁護士がいるが，親しい弁護士から訴訟してあげましょうかと言われている」とクレームを受けた。どのように対応すればよいか。

(1) 確認すべき事項

まず，顧客のクレームを傾聴し，当該クレームの法的責任を判定するために必要な事情を確認するようにする。

また，顧客が帰った後，勧誘した従業員自身が有する同金融商品に対する知識や，顧客への説明内容，交付した資料，顧客の状況（特に高齢であることから認知能力に衰えがないかなど），顧客の資金力，従前の顧客の金融商品の取引実績など，法的責任を判定するために必要な事情を確認する。

　なお，通常のクレーム対応では行うことが多い，会話冒頭における道義的謝罪（「不快な思いをさせて申し訳ありません」など）は，リスク性金融商品のクレーム対応においては，基本的には不要である。

(2) 法的責任が認められないと判定した場合の対応

　訴訟等のリスクを回避するため，顧客に金融商品の内容やリスクの説明をしたことや，資料を交付していることを説明し，「損失補填を行うことはできない」と丁寧に，説明することが考えられる。

　なお，「ご説明が不十分で」，「誤解をさせて」などと，法的責任（説明義務違反など）を認める発言をしないように気を付けるべきである。

　金融機関側に何らの落ち度もない場合には，上記例の顧客によるクレームは，自身の損失を金融機関に責任転嫁する不当クレームであるので，金融機関としては，当該不当クレームを拒絶しなければならない。

　なお，丁寧に説明して，双方で話し合っても，顧客が納得に至らず，カスハラや紛争に発展するようであれば，金融ADR機関を紹介することも考えられる。なお，どのようなケースで，また，どのようなタイミングで，金融ADRを紹介するかについては，あらかじめ，各金融機関で話し合っておくと，事案解決が後手に回る可能性を小さくできる。

(3) 法的責任が認められると判定した場合の対応

　この場合，金融機関に，どのような点で法的責任があるかなどを確認し，金融庁に届け出て，同庁に損失補填の可否を決めてもらう必要がある。また，顧客に対し，上記旨と，場合によっては，顧客側に協力を依頼する可能性があることを事前に説明する。

第8章　システム等開発業界

1　システム等開発業界のカスハラの特徴

(1)　事業者間契約である場合が多い

　システム等開発契約は，発注者も受注者も事業者である事業者間契約であることが多い。

　そのため，資本金の大小などから圧倒的に発注者側の力が強いということがよくある。したがって，クレーム発生時にこれを跳ねのけて紛争リスクを回避するには，クレームを予防するための事前の対策が重要になる。

(2)　契約内容の不確定及び認識の相違に起因する紛争が多い

　システム等開発契約は，契約内容が不明瞭になりがちであり，さらに発注者と受注者の間で契約内容に関する認識に相違が生まれやすい。

　結果として，発注者が受注者に対して，受託業務でない行為の履行を求めたり，納品物に対して抽象的なクレーム（「イメージと違う」，「何だか気に入らない」）を主張して延々とリテイクを要求するなどといったカスハラを行うことがある。受注者は，契約書等による債務の内容確定が困難であるがゆえに，なし崩し的に要求をのまされる傾向にある。

　契約内容が不確定になりやすい又は契約内容に関する認識の相違が生じやすい理由としては下記の点が挙げられる。

ア　契約書等が作成されない又は内容不十分であること

　システム等開発契約は，開発契約という性質上交渉の過程で多数の書面（提案書，要件定義書，設計書，検収仕様書，暫定稿など）がやり取りされ又はやり取りされず徐々に合意がなされる。また，納期遵守のため先走り的に着手してしまうことも多い。その結果，契約の内容は不明瞭になりがちである。

イ　当事者が契約内容を正確に理解していないこと

　発注者はシステムに関する十分な知識を持ち合わせていないことも多

い。特に，単発的なシステム等開発契約において発注者は全くの素人ということも珍しくなく，目的物・品質・作業方法・作業量等について発注者が具体的なイメージを持ちにくい。

例えば，簡単なウェブサイト開発契約ですら，契約内容を確定するためには，希望するウェブサイト全体のデザイン，頁数，システム構造，納期，配置するテキスト・画像等の作成分担，当該テキスト・画像等の分量・内容，サイト表示速度の許容値，ドメインの取得・管理やサーバーの維持・管理分担，作成した著作物の帰属，素材等の費用負担などの多岐にわたる事項に関して発注者の要望に基づく仕様決定が必要になる。

受託者は各契約内容について十分説明した上で契約書等を作成したと思っていても，専門知識に乏しい発注者においては契約内容に関して全く別の認識を持っていることがある。こうなると，発注者の思い込みによって，発注者側の債務不履行（検収，資料提供などを行わない等）や，契約外債務の履行要求（作成予定の無いシステムが作成されていないことに対してクレームを言う等）といったトラブルが生じやすい。

一方，受託者も，発注者の知識レベルに沿った説明が不十分になり発注者に誤解を生じさせてしまったり，法的知識の不足から契約書の内容を誤って理解してしまったりしていることもある。

ウ　履行過程での契約内容の変更が多いこと

システム等開発契約においては契約の履行過程において当初想定されていなかった障害が生じ，これに対応しなければならないことがある。この場合，当該障害への対応は，既存の契約に内包される無償の障害対応の場合もあれば，追加契約又は仕様変更が必要な既存契約外の有償の追加業務の場合もある。

このようにシステム等開発業界においては，契約の追加又は変更の要否を見極めるべき事情が履行過程において度々発生する。それにもかかわらず，実際の開発現場では，情報連携不足，契約内容への無理解，本体業務に忙殺されていることなどから，書面での適切な追加変更契約が

締結されることなく，なし崩し的に追加要望に対応した結果，後になって報酬不払などのトラブルが生じることが多い。

(3)　損害賠償額が高額になるリスクがある

システム等開発契約には，小規模なウェブサイト開発から上場企業の基幹システム開発までいろいろな契約規模があり得る。そのいずれの契約規模においても，受注者は開発契約上の報酬に比して高額な損害賠償義務を負うリスクがある。

というのも，システム等開発契約における納品物は，発注者側のビジネスに利用されることが予定されており，背後には膨大なユーザー，ひいては膨大な発注者の損失が考えられるからである。そのため，逸失利益や間接損害に関する賠償責任を責任制限条項によって排除していない場合は，これらに関する高額の損害賠償責任が認められる可能性がある（例えば，東京高判令2・2・26ウエストロー（事件番号：令元㈱2423号）では，報酬合計約4430万円の宅配システムの開発等契約に関して，僅か5人のユーザーが正常にサイトにアクセスできない状態にあった点が瑕疵担保責任における瑕疵と認定され，想定売上から経費を控除した上で過失相殺類推適用前において1254万7660円の逸失利益に対する損害賠償義務が認められた）。

②　システム等開発業界の対策ポイント

(1)　クレーム予防の対策ポイント

ポイント

1　自社に有利な条項や通常の契約条件を記載した基本的な契約書を早期に締結する。

2　口頭合意は，速やかに合意書などの書面又はメールなどのこれに準ずる客観資料によって確認し，保存しておく。

3　システム障害の発生，納期遅延のおそれ，追加発注・仕様変更・工数増加に伴う報酬額の増加見込などの事情が生じた場合は，放置せず説明・確認を得て，書面化しておく。

4 リスク回避のため，契約書には，「間接損害及び逸失利益に関する免責条項」や「損害賠償額の上限条項などの責任制限条項」，「発注者都合の中途解約違約金条項」などを入れる。

上記**1**で述べたとおり，システム開発等契約に関するクレームの多くは，契約内容が曖昧不明瞭であることが原因で発生する。

そのため，受注者としては，口頭で説明した内容を覚書や議事録として残す，メールで確認する，契約書を作成すると言った方法によって契約内容が不明確になることを防ぐとともに，後々「言った・言わない」の紛争が生じることを防ぐことが重要である。できれば，受注者に有利な条項や自社での平素の契約条件を記載した基本的な契約書を早期に締結し，自社に有利なポジションを確立することができれば望ましい。ただし，ひな形集やインターネット上の契約書をそのまま利用するのは，非常にハイリスクであるので絶対に避けるべきである。

標準的書式としては，経済産業省・独立行政法人情報処理推進機構の「情報システム・モデル取引・契約書〈第二版〉」（2020年12月22日公開）（以下「経産省モデル契約書」という。）があるが，加除を前提とした中立的内容になっており，具体的契約内容に応じて条項の取捨選択を要する内容になっている。システム等開発契約の実体は千差万別であるから，経産省モデル契約書をそのまま利用するのもやはり危険である。弁護士と相談の上，自社独自の基本となる契約書を準備できるとよい。

〈例10　受注者側有利の契約条項例（甲＝発注者，乙＝受注者。経産省モデル契約書を参考に一部改変）〉

> **文例1　間接損害及び逸失利益に関する免責条項及び損害賠償額の上限条項（損害賠償）**
>
> **第●条**　甲及び乙は，本契約の履行に関し，相手方の責めに帰すべき事由により損害を被った場合，相手方に対して，現実に生じた直接かつ通常の損害（逸失利益及び特別損害を含まない）に限り損害賠償を請求することが

できる。但し，この請求は，本契約に定める納品物の検収完了日又は業務
の終了確認日から○ヶ月間が経過した後は行うことができない。

2　本契約の履行に関する損害賠償の累計総額は，債務不履行（契約不適合
責任を含む，）不当利得，不法行為その他請求原因の如何にかかわらず，
本契約の報酬金合計額の○％の額を限度とする。

文例2　発注者都合の中途解約違約金条項

（発注者による中途解約と違約金）

第●条　甲は，乙に対し，解約時点までに乙が遂行した本件業務についての
委託料全額及び次項に定める違約罰としての違約金を支払い，かつ，解約
により乙が出捐すべきこととなる費用その他乙に生じた乙の損害を賠償し
た場合に限り，本件業務の未了部分の限度で本契約を解約することができ
る。

2　前項の中途解約に係る違約金額は，本件業務の未了部分にかかる報酬金
の○％の額とする。

また，契約書などの客観資料を作成したとしても，契約履行過程で生じ
た障害や追加発注などによって，既存の契約書等が契約実態に沿わなくな
ることがある。この場合，現状と異なる既存の契約書のみが存在している
状態は，かえって発注者に「追加発注までも既存の契約に内包されてい
る」という主張を許すことになりかねない。そこで，システム障害の発生，
納期遅延のおそれ，追加発注・仕様変更・工数増加に伴う報酬額の増加見
込みなどの事情が生じた場合は，放置せず説明・確認を得て，書面化して
おくことも重要である。

さらに，万一，紛争が生じた場合に備えて，契約書には，必ず「間接損
害及び逸失利益に関する免責条項」や「損害賠償額の上限条項などの責任
制限条項」を入れることも重要である。確かに，受注者側に故意や重過失
がある債務不履行の場合には，責任制限条項が限定解釈される可能性もあ
る。しかし，基本的には，責任制限条項の有効性は認められる傾向にある。
受注者の発注者に対するプロジェクトマネジメント義務違反を肯定し約42

億円の損害賠償義務を認めた一方で責任制限条項の有効性を認めて逸失利益についての賠償請求を認めなかった例として，東京高判平25・9・26金判1428号16頁（原審：東京地判平24・3・29判タ1405号254頁）がある。

(2) クレーム発生後の対策ポイント

 ポイント

1　法的責任の判断の際は，客観資料の有無・内容を確認する。
2　現場の従業員（顧客対応者）限りの場当たり的な対応をせず，早期に，法的責任及び判断権者の判断を踏まえて対応する。
3　クレームに対処する際は，適宜，客観資料を提示して行う。
4　クレームが発生した場合は，担当者限りで情報をとどめず，クレーム内容，回答内容，解決内容等を記録し社内共有する。

クレーム予防の対策を尽くしてもクレームが発生してしまうことはある。この場合，一般的なクレーム対応の流れ（【聴取】→【調査】→【判定】→【回答】）を遵守することに加えて，特に注意したいポイントとしては，以下の点がある。

まず，【調査】においては，客観資料の有無・内容を確認することが重要である。クレーム予防の対策ポイントを守れていれば，この段階で自社に有利な客観資料が準備できることが多い。また仮にこういった客観資料がない場合であっても，資料が無いという事実関係を明らかにできたこと自体が法的責任の有無の判断に資する。

そして，【判定】，【回答】においては，現場の従業員（顧客対応者）限りで「なんとなく」の回答をすることは避け，判断権者（厚労省カスハラマニュアル24頁でいう現場監督者，相談担当者等）において，【調査】で収集した資料を確認した上で【回答】を行うべきである。クレーム発生初期段階できっちりとした回答ができていれば大きなトラブルにならなかった案件について，現場限りで安易な回答をした結果として発注者の誤解を増大させ，又は当該回答が受注者に不利な証拠となり，後々大きなトラブルとなること

があるからである。

　また，【回答】の際には，必要に応じて発注者に対して客観資料を見せながら説明を行うことも有益である。顧客が事業者である場合は，感情より利益を優先しやすい。そのため，法的判断の根拠となる客観資料を提示しつつ回答することで，顧客側も訴訟になった際の敗訴リスクを認識して引き下がる可能性が十分ある。ただし，中途半端な資料提示はかえって争点を増やすことにもなりかねないので，提示する客観資料の吟味が必要である。

　そして，【回答】の後には，クレーム内容，回答内容，解決内容等を記録して社内に共有することが重要である。システム開発等契約は，履行中及び履行後も保守管理などで発注者との関係が継続する長期的取引となることが多い。この場合，当該顧客への注意喚起，後任への申し送り，過去の紛争の振り返りを事後的に行えるように，クレームが生じた場合には都度記録を保管することが必要である。

③　システム等開発業界のケーススタディ

> **事　例**　「イメージと違うので別の案を出せ」とのクレーム

　システム開発会社であるV社はC社から新ブランドPR用のウェブサイト開発の依頼を受けた。

　V社とC社で打合せをして，見積書，要件定義書，画面設計書を作成してシステム設計やサイトデザイン方針を決定し，これに従ったデザインの確認を経て，システム開発に着手した。

　すると，C社から突然「やっぱりなんかイメージと違うんだよね。もう1回別のデザイン案を出してくれない？」と要求があった。

　これに対して，V社規定では複数案の提案には別途料金が発生することを説明した。すると，C社は「V社の営業は『イメージと違ったらいつでも修正する』，『必ず商品の魅力を伝えられるサイトにする』って言ってたぞ？無償で修正に応じるのは契約に含まれてるはずだろ！」と

述べて，無償で別案を提案することを要求してきた。

　確かに，Ｖ社では発注者のデザイン確認作業の際，１回に限り軽微なデザイン修正を受け付けているが，画面設計書等記載のレイアウトやカラーイメージの修正などを伴う大きな修正は実質的に複数案件の受任と異ならない労力が生ずるため，別途料金が発生する。ただ，本件ではそのことを記載した契約書を作成していなかった。

　Ｖ社としては，どのように対応すればいいか。

(1)　【聴取】（対応プロセス１）

　まず，発注者が何を主張・要求しているのかを確定させる。現段階では「イメージと違う」という抽象的・漠然とした理由に基づき要件定義書等で確定したものとは別のデザインの提出を求めている。つまり，そもそも顧客自身が不満を十分に言語化できていない部分があるので，しかるべき聴取を行えば契約内で対応可能な軽微修正で済む可能性もある。そこで，「イメージと違う」という不満が，容易に対応可能な既存の受任業務の範疇の作業なのか，別案の追加受注をすれば解決可能なものなのか，それともどうやっても解決しない漠然とした不満なのかの切り分けを行う必要がある。

質問1	Ｖ社　「『イメージと違う』とおっしゃる点は，具体的にはどのような点でしょうか」
回答1	**パターン１-１　既存の受任業務の範疇の可能性あり** Ｃ社　「フォントがダサい。参考サイトとして挙げたサイトのフォントとは大分イメージが違うじゃないか」 ➤　既存の発注内容（参考サイト）に関する指摘であり，フォントの相違の修正という要求内容も具体的であり，これに対応すればいいことが分かる。

パターン1-2　既存の受任業務外の追加受注の可能性あり

C社 「要件定義の時には，参考サイトとして挙げたサイトAみたいなのがいいと思ったけど，いざうちの商品で作ってみるとイメージと違った。むしろ，サイトBの方がイメージに近いと思うんだよね」

➤ 既存の発注内容（参考サイトA）とは別の新規の内容（参考サイトB）に関する追加の要望と考えられそうであることが分かる。

パターン1-3　不当クレームの可能性が高い

C社 「何が違うかは，自分で考えろ！プロだろ！」

➤ 要求内容に具体性がなく，要求根拠も契約内容に基づくものではないことが分かる。

➤ 質問の角度を変えて【聴取】を試みつつ，それでも同様の曖昧な回答を繰り返す場合，基本的には不当クレームとして対処することになる。

　また，法的責任の根拠として主張されている事情については，5W1Hを意識して聴取を行う。

質問2	V社 「弊社内で事実関係を確認させていただきます。『イメージと違ったらいつでも修正する』，『必ず商品の魅力を伝えられるサイトにする』という発言があったのは，いつ頃でしょうか。またどのような経緯でしょうか」
回答2	**パターン2-1　法的責任に関して根拠資料の言及あり** C社 「契約締結の少し前だから10月上旬だったかな？こっちはもっと安くしてくれる別の会社に頼もうと思って，一度V社に頼むのを断ったんだよ。そしたら，そっちの営業が『うちは，イメージと違ったら何回でも修正します！』，『だから結局のところお安くなりますよ！』って言ってきたんだよ。だから『本当に何度でも修正してくれるんですね』って念押ししてから，それなら契約するって言ったんだ。メールも残ってるよ」

> ➤ 具体的かつ合理的な経緯の叙述とともに、メールという証拠の提示も
> あり、まずこれらの日時を聴取して、存否及び内容の確認調査が必要
> であると分かる。

パターン２‐２　法的責任に関して根拠資料の言及なし

C社 「いつって聞かれてもね。契約するまでは調子のいいこと言って、
契約したら『そんなことを言った証拠はない』とか言うつもり？
社会人としてどうかと思うけどね」

> ➤ 具体的な経緯の叙述もなく、証拠資料の提示もできなさそうであるこ
> とが分かる。Ｖ社としては、関係者からの聴取と客観資料の確認の方
> 法で調査すべきことが分かる。

　なお、発注者側に担当者が複数いる場合は、当該発言者限りでの主張・要望なのか、又は発注者全体として当該主張をする方針なのかを判断するため、適宜、発注者のプロジェクト担当責任者への確認をとることも必要である。

(2)　**【調査】**（対応プロセス２）

　【聴取】のプロセスで、発注者の要求内容や主張する事実関係を確定・整理したら、次は、社内で対応の責任者を決定して、当該要求内容や主張する事実関係に関連する客観的事実関係の確認を行う。

　本事例に関して、**【聴取】**のパターン１‐２、２‐２の場合を例に検討すると、発注者の主張内容と調査すべき事項は、以下のように整理できる。

【調査事項】

1　発注者主張

① 要件定義書作成時にはサイトＡを参考にすると言った。

② しかし、サイトＡを参考にしたデザインができ上がってみると、サイトＡではなく別のサイトＢの方がイメージに合っているように思った。

③　したがって，サイトＢを参考にしたサイトデザインに作り直してほしい。

④　作り直しは，無償で行うべきである。

⑤　その理由は，受注者の営業担当者が発注者に対し，「イメージと違ったらいつでも修正する」，「必ず商品の魅力を伝えられるサイトにする」と述べ，これが契約の内容になったからである。

⑥　上記発言をした具体的な経緯の説明はないし，具体的証拠もない。

2　調査すべき事実関係（例示列挙）

(1)　要件定義書，画面設計書，打合せメモ，メールのやり取りなどの客観資料の確認

受注者としては，受注者の主張又は発注者への反論の根拠となる資料の有無を確認することになる。まず，要件定義書に参考サイトがサイトＡであることが明記されていることなどを確認する。また，メールやメモなどから，「参考サイトの変更は大幅なデザイン変更となるためできないこと」や「要件定義書作成以降に要件定義書記載の事項を変更することはできない」といった説明の裏付け資料がないか，逆に「発注者主張⑤のような趣旨の説明をしていないか」などを確認する。

(2)　各担当者からの聴取

聴取対象者としては，以下の者を中心に，発注者の主張内容，受注者側の主張や反論内容を念頭に置きつつ，聴取を行うことが考えられる。

●営業担当者

「イメージと違ったらいつでも修正する」旨の説明があったのか否かを聴取する。あったとしたらそれはどのような媒体（口頭，電話，メール，書面）で行われたのかなどを聴取する。

●契約締結作業担当者

契約締結の経緯に関して，特に，契約内容をどのように説明したか，説明したことの証跡はあるかなどを聴取する。

●要件定義書等作成・打合担当者

要件定義の際の打合せ内でのやり取りや，「要件定義書作成以降に要件定義書記載の事項を変更することはできない」といった要件定義書の意義に関する説明を行っているかなどを聴取する。

(3)　サイトAとサイトBの内容比較

　　　参考サイトをサイトAからサイトBに変更した場合に，要件定義書，画面設計書，デザイン案のどの内容を変更することになるのか，ひいてはどの程度の追加発注が必要となるのかを整理する。

(3)　【判定】（対応プロセス３）

　　【調査】で確定した事実に基づいて，発注者の主張する事実関係の有無，発注者の要求に対する法的責任の有無を判定する。

【判定】

(1)　発注者の主張する事実関係の有無

　　営業担当者から先行資料を送付したメールには，「弊社ではお客様のご要望を丁寧にお聴き取りさせていただきます。必ずや商品の魅力を伝えられるサイトになるはずです」との一般的な営業文句の記載があったものの「何度も修正に対応する」旨の記載はなかった。これと営業からの聴取内容を踏まえ，発注者主張のような発言はなかったと判断された。

(2)　法的責任の有無

　　要件定義書には参考サイトはサイトAと明記されており，さらに要件定義書を添付して送付したメールに「※この定義内容で発注内容はご確定となります。要件定義の内容を変更する場合は追加発注になり追加料金が発生します。」と記載があった。したがって，サイト開発契約の受注内容は，少なくとも要件定義書作成段階においては要件定義書の記載の内容に限定されたことが客観資料をもって立証できる可能性が高いと判断された。

　　以上の点を整理の上，判断権者に対して確認させ，「サイトBを参考としてデザイン案を作成し直せ」との発注者主張は，既存の受託業務に含まれない追加発注であり，これを無償で行えというのは不当な内容であると判定された。

⑷　【回答】（対応プロセス４）

　　【判定】で法的責任がないと判定された場合であっても，受注者として
は，回答方法と回答内容を吟味する必要がある。

　　システム開発等契約は，一定の期間にわたって相互協力の下での履行が
必要となる。さらに既存の出来形についての権利帰属や報酬割合の計算な
どが複雑になることが多い上，オーダーメイドの契約であるから出来形を
転売することによる中途解約リスクの縮減も難しい。

　　したがって，クレームに関して自社に法的責任がないと判断された場合
であっても，発注者側が今後の履行において敵対的になり作業進行が困難
になる事実上のリスク，中途解約をしてくることによる失注リスク，中途
解約後の既存の出来形部分や履行利益の金銭評価に係る別個の紛争を生じ
るリスク，前払を受けていない場合には報酬金の回収リスクがあることも
考慮に入れなければならない。

【回答】

⑴　紛争リスクの評価

　　契約履行中の発注者都合解約に関する違約金条項や，既履行部分の評価
に関する条項がなく，さらに報酬金についても各作業工程ごとに割り付け
たものではなく「ホームページ作成一式○○円」と包括的な記載になって
いた。その上，前金としては報酬金の３割しか受け取っていなかった。

　　そのため，発注者との間でトラブルが拡大し，中途解約をされてしまえ
ば，現在の作業進度は全体の８割程度であることを踏まえると報酬金の回
収リスクが高いことが分かった。

　　他方で，サイトBに沿った別案の提案となるとほとんどの作業をやり直
すことに等しく，これを無償で行うことは到底できないと判断された。

⑵　回答内容の決定

　　以上から譲歩提案を添えつつ以下の事項を伝えることとした。

　①　発注者の主張する事実は確認できなかったこと

　②　要件定義書の内容を変更する際は追加料金が発生することが確認のう
　　え合意されていること（要件定義書のメールの送信日時を客観資料とし

　て摘示)

　　③　参考サイトをサイトBに変更してデザインを修正することに際して掛
　　　かる工数・作業時間は実質的に複数案件の受任にほかならないこと

　　④　以上から，参考サイトをサイトBとするデザイン変更を無償で応じる
　　　義務はないこと

　　⑤　以上のように法的責任はなく，また契約上予定されていたデザイン修
　　　正確認の期限を徒過しているが，期限の点は譲歩して契約上予定されて
　　　いた軽微修正に関しては応じること（修正対応範囲について誤解を与え
　　　ないように，軽微修正の範囲に当たる作業時間や修正内容の具体例を併
　　　せて提示する）

　(3)　回答方法の決定

　　　書面や弁護士名義での連絡ではかえって事態を大事にさせかねないと判
　　断した。そこで，受注者のプロジェクト担当責任者から，発注者の担当責
　　任者に対してメールを送付する方法で行うこととした。

(5)　まとめ

　　本事例に類似したケースであっても，【聴取】，【調査】によって確定で
きた内容によっては，法的責任があると判定される場合もあり得る。また，
受注金額の大きさ，別件も含めた発注者側との継続的な取引関係の有無な
どによっては【回答】の態度は変わり得る。

　　どのような事案でも重要になるのは，まずは❷(1)の【クレーム予防の対
策ポイント】を遵守し，末端の従業員に至るまでこれを周知しておくこと
である。

　　そして，万一クレームが発生してしまった場合は，❷(2)の【クレーム発
生後の対策ポイント】と一般的なクレーム対応の流れ（【聴取】→【調査】→【判
定】→【回答】）を今一度確認して，当該事案における具体的な法的責任の有
無等を都度確認し，万一訴訟になった場合を見据えてクレーム対応におけ
る回答自体が新たな証拠になり得ることを肝に銘じて，場当たり的な回答
を慎むことが必要である。

第 **9** 章　冠婚葬祭業界

1　冠婚葬祭業界のカスハラの特徴

(1)　情緒的になりやすい

　冠婚葬祭は人生の節目となるイベントであり，本人及びその家族にとって重要であるからこそ，情緒的になりやすいという特徴がある。

　例えば，結婚式であれば，一生に一度の晴れ舞台と考える者も多く，その期待値は他のイベントよりも高くなっており，当日の運営に満足できなかった場合には，運営会社へのクレームにつながることも多い。特に，当事者は，自分たちの満足感はもちろん，自分たちが招待した出席者への満足感も気にする傾向がある。そのため，結婚式場スタッフは，当事者のみならず多数の出席者にも気を遣う必要がある。

　しかし，冠婚葬祭業界において，最も情緒的な現場は葬祭業界である。喪主をはじめとした関係者は，大切な親族を亡くしたばかりであり，精神的ショックが大きく，非常にナーバスな状態になっている。葬祭業者は，当然に，他のどの業種よりも言葉遣いや態度に気を遣う必要があり，ささいな言い間違いやミスが大きなクレームにつながってしまうことに留意すべきである。

(2)　取り返しがつかない

　また冠婚葬祭業界の特徴として，「取り返しがつかない」ということがある。結婚式や葬儀をもう一度やり直すことはその性質上不可能である。そのために，顧客は感情的になって「取り返しのつかないミスをしてくれたな！」，「もうやり直すことはできないんだぞ，どうしてくれるんだ」等といって，執拗にクレームを言い続けることもある。また，冠婚葬祭業者としても，仮にもう一度挽回の機会があれば，より一層サービスを充実させることによって，以前のミスを帳消しにすることも可能であるが，通常は挽回の機会はない。

　このような「取り返しがつかない」という特徴から，要求内容，要求手段・態様が過剰なものになりやすい傾向にある。

(3)　慰謝料請求が多い

　上記のとおり，「取り返しがつかない」という特徴から，要求への対応として「やり直す」という選択肢がそもそも存在しない。

　そうすると，必然的にクレームの行く先は，金銭的に賠償する必要があるか否かということになる。さらに，金銭賠償の原因としても，物を壊す，身体を傷つけるなど目に見える事象が原因となることはそれほど多くない。業者の（作為，不作為の）行為によって，精神的に傷ついたか否か，すなわち慰謝料請求の問題となることが多い。

　法的には「損害が発生した」と主張する者が主張立証責任を負うため，通常の事件において慰謝料請求を求められた場合は，ひとまず否定することが考えられる。

　しかしながら，冠婚葬祭業界とりわけ葬祭業界は，やや別段の考慮が必要となる。すなわち，他の業種に比べて慰謝料請求が認められやすい傾向にある。

　例えば，東京地判令元・8・20ウエストロー，LLI/DB判例秘書（事件番号：平30(ワ)17407号）は，「葬祭業者である被告は，生活保護葬においても，故人に遺族がある場合においては，遺族の宗教感情，故人に対する追慕の感情及び内心的平穏を可能な限り尊重すべき社会生活上の義務を負うものといえる。すなわち，遺族にとって，故人の葬儀のあり方は，葬祭業者との間で直接の契約関係があるかどうかにかかわらず，宗教感情，故人に対する追慕の感情，内心的平穏といった人格的利益に重大な影響を与えるのが一般的であるといえるから，業として葬儀を行う被告においては，遺族のこれらの利益が実現するよう配慮することが社会的に要請されていると見るのが相当である。」と判示し，結論としても慰謝料請求を認めている。

　したがって，葬祭業界は，他の業界に比べて，慰謝料請求をされやすく，かつ，認められやすいという特徴を有することに留意する必要がある。

第4編　業界別カスハラ対応　ケーススタディ

2 冠婚葬祭業界のケーススタディ

> ・葬儀社と遺族との間で特段の合意の不履行が問題になっている場合,「特段の合意の存在」及び「特段の合意の不履行」の主張立証責任を負うのは,葬儀社ではなく遺族側である。
> ・葬祭業界は,他の業種に比べて慰謝料請求が認められやすい傾向にある。仮に慰謝料を支払うという選択肢をとる場合には,単に慰謝料を支払うだけではなく,合意書も締結するべきである。
> ・合意書には,最低限,①清算条項,②口外禁止条項を入れるべきである。

事例1 ミスが認定できなかった場合

> 　葬儀社は,遺族から遺影に使う写真の提供を受けたが,同写真は入院中の写真であったため,肩から首付近にかけて点滴用の管が映っていた。そのため,遺影として自然なものとなるよう点滴の管を消去するよう加工をして,葬儀において遺影として用いた。
> 　ところが,遺族からは,「故人の闘病生活を称えるため,遺影の写真の点滴用の管を残すように依頼したはずだ」として慰謝料を請求された。
> 　葬儀社はどのように対応すればよいか。

(1) 確認すべき事項

　まず,葬儀社が「遺影として自然なものとなるよう点滴の管を消去するよう加工をしたこと」それ自体は,葬儀社としておかしなことではない。むしろ,そのような加工をしてくれたことを感謝する遺族も多いであろう。したがって,上記加工行為それ自体が債務不履行となることはない。

　しかしながら,遺族との間で「遺影としての写真の加工についての特段の合意」,本件でいえば「故人の闘病生活を称えるため,遺影の写真の点滴用の管を残すこと」の合意がなされていれば,その特段の合意に反する加工をしたことは債務不履行となる。

したがって，クレームを受けた葬儀社が確認すべき事項は，遺族との間で「故人の闘病生活を称えるため，遺影の写真の点滴用の管を残すこと」の合意があったか否かである。

(2) 主張立証責任について

葬儀社と遺族との間で「故人の闘病生活を称えるため，遺影の写真の点滴用の管を残すこと」の合意があったことの主張立証責任を負うのは，葬儀社ではなく遺族側である。

したがって，葬儀社としては，担当者への聴き取りや当時の資料を確認し，そのような事実が認められなければ，「そのような合意はなかった」旨主張すれば足りる。

これに対し，遺族側から，特段の合意があったことの証拠（合意書，録音データ等）が提出されなければ，慰謝料請求に応じる必要はない。

事例2　ミスが認定できた場合

葬儀社は，納棺の際，多くの仏式の葬儀で行われる旅支度（故人が無事に来世へ到着できるよう，仏衣や杖，足袋などを身に着けること）を施した。

ところが，遺族からは，「故人は仏教でも旅支度をしない宗派である。また，故人は自らの葬儀において仏衣ではなく愛着のある衣服を身に着けることを強く希望しており，遺族もそのことを担当従業員に伝え，担当従業員も承諾していた」として慰謝料を請求された。

葬儀社はどのように対応すればよいか。

(1) 確認すべき事項

本事例でも事例1と同様に，葬儀社と遺族との間で「旅支度をせず，仏衣ではなく愛着のある衣服を身に着けること」の特段の合意があったか否かが問題となる。そして，その特段の合意があったことの主張立証責任を負うのは，葬儀社ではなく遺族側である。

(2)　ミスが認定できた場合

　葬儀社が担当従業員への聴き取りをした結果，上記特段の合意の存在が認められ，葬儀社側の連係ミスにより，故人及び遺族の意に反する死装束を施してしまったことが判明した場合，葬儀社はどのように対応すればよいか。

　まずは真摯に謝罪すべきである。しかし，謝罪だけでは納得せず，飽くまで慰謝料を執拗に請求された場合はどうすればよいか。

　前述のとおり，通常の事件において慰謝料請求を求められた場合はひとまず否定することが考えられるが，葬祭業界は，他の業種に比べて慰謝料請求が認められやすい傾向にある。

　実際に，前述の東京地判令元・8・20ウエストロー，LLI/DB判例秘書（事件番号：平30(ワ)17407号）は，本件と事案は異なるが，（当事者双方に合意があったにもかかわらず）「旅支度を施さなかったこと」による慰謝料として，遺族2名に各10万円を認めている。

　本件でも，「特段の合意があったにもかかわらず，故人及び遺族の意に反する死装束を施してしまったこと」が認められれば，慰謝料が認められる可能性はある。

　ただし，仮に裁判で慰謝料が認められるとしても，それほど大きな金額ではなく，数万円から数十万円の範囲内である可能性が高い。

(3)　慰謝料を支払う場合の留意点

　前述のとおり，葬儀社に慰謝料支払義務が認められた裁判例はあるが，同裁判例は地裁判決であるし，あくまで事例判断にすぎない。したがって，実際に裁判になった場合に慰謝料支払義務まで認められるか否かはケースバイケースであると言わざるを得ない。

　そこで，葬儀社の判断として，「裁判外の交渉段階では慰謝料は支払わない」という選択肢をとることもあり得るところであろう。

　一方で，ミスがあったことは事実であるし，これ以上紛争を長引かせたくないという判断から，慰謝料を支払って円満に解決するという選択肢を

とることもあり得る。

　ここで気を付けるべきは，仮に慰謝料を支払うという選択肢をとる場合には，慰謝料を支払うのと同時に，合意書も締結するべきということである。

　なぜならば，慰謝料を支払ったにもかかわらず，後日，遺族側がやはり納得できないので，①更なる慰謝料を請求する，②インターネットなどに本件ミスを書き込むなどの事態が生じてしまえば，企業（葬儀社）として終局的解決に至らないからである。

　したがって，葬儀社としては，最低限，①清算条項，②口外禁止条項を入れた合意書を締結すべきである。

　本事例で慰謝料を支払う場合には，例えば，以下のような合意書を締結することが考えられる。

〈例11　合意書（葬儀社が解決金を支払う例）〉

合　意　書

　○○（以下「甲」という。）と，○○（以下「乙」という。）とは，故○○の葬儀における乙の不手際に関する件（以下「本件」という。）につき，以下のとおり合意が成立したので，合意成立の証として，本書面2通を作成し，甲，乙が各1通ずつ保管する。

1　乙は，甲に対し，本件の解決金として，金●万円の支払義務があることを認める。
2　乙は，甲に対し，前項の金●万円を令和●年●月●日限り，支払う。
3　甲及び乙は，本件及び本合意書の内容について，正当な理由なく第三者に口外しないことを相互に確約する
4　甲及び乙は，本合意書記載のほか，甲乙間に何らの債権債務関係が存しないことを相互に確認する。
　　令和××年×月×日

（甲）住所　××××××

氏名　▲▲　▲▲　　　　　　㊞

（乙）所在　××××××

商号　●●（株）

代表　代表取締役　●●　●●　㊞

事 項 索 引

事項索引

著者紹介

香川　希理（かがわ　きり）

弁護士（東京弁護士会，香川総合法律事務所代表），マンション管理士，管理業務主任者
【主な役職等】
・東京弁護士会弁護士業務改革委員会マンション部会
・公益財団法人澤田経営道場企業法務講師
【主著】
『トラブル事例でわかる　マンション管理の法律実務：書式から業界の慣習まで』（学陽書房，2019年）
『クレーマー対応の実務必携Q&A：知っておくべき基礎知識から賢い解決法まで』（共著，民事法研究会，2021年）
『悪質クレーマー・反社会的勢力対応実務マニュアル：リスク管理の具体策と関連書式』（共著，民事法研究会，2018年）

島岡　真弓（しまおか　まゆみ）

弁護士（東京弁護士会，香川総合法律事務所）

松田　優（まつだ　ゆう）

弁護士（東京弁護士会，香川総合法律事務所）
【主な役職等】
・東京弁護士会労働法制特別委員会，同法教育部会

上田　陽太（うえだ　ようた）

弁護士（東京弁護士会，香川総合法律事務所）

カスハラ対策実務マニュアル

2022年8月19日　初版発行
2024年6月3日　初版第3刷発行

編著者　香　川　希　理

発行者　和　田　　　裕

発行所　日本加除出版株式会社
本　　社　〒171-8516
東京都豊島区南長崎3丁目16番6号

組版　㈱郁文　印刷　㈱精興社　製本　牧製本印刷㈱

定価はカバー等に表示してあります。
落丁本・乱丁本は当社にてお取替えいたします。
お問合せの他、ご意見・感想等がございましたら、下記まで
お知らせください。

〒171-8516
東京都豊島区南長崎3丁目16番6号
日本加除出版株式会社　営業企画課
電話　　03-3953-5642
FAX　　03-3953-2061
e-mail　toiawase@kajo.co.jp
URL　　www.kajo.co.jp

Ⓒ K. Kagawa 2022
Printed in Japan
ISBN978-4-8178-4821-5